社員からも
顧客からも愛される
企業文化のつくり方

イズム経営

ism

レントラックス
代表取締役社長
山﨑大輔

ダイヤモンド社

はじめに

「山﨑に、社長になってもらいたい」

先代から突然会議室に呼び出され、こういわれました。このときの衝撃は今でも忘れられません。

というのも、先代が私に承継したのは、彼が44歳のときのこと。上場からわずか2年半のタイミングでもあり、まさにビジネスパーソンとして脂の乗っている時期ですから、彼がその若さで代替わりしようとしているなんて、想像もしていなかったのです。

そもそも当時、私は役員でさえありませんでした。営業部長として、創業者である先代とともに会社をつくってきたという自負はあったものの、まさか自分が次期代表に指名されるとは青天の霹靂でした。

申し遅れました。

株式会社レントラックス代表取締役社長の山﨑大輔と申します。

当社は2005年に創業し、2015年に上場しました。成果報酬型広告のASP事業（クローズド・アフィリエイトネットワーク）やデジタルマーケティングを中心に、インターネット広告を活用してクライアント様の利益を最大化すべく、日々取り組んでおります。

私はそんなレントラックスの創業2代目で、2018年に先代から代表の立場を引き継ぎました。

私は今でこそ上場企業の社長をやっていますが、幼少期から特に何も取り柄のないまま、公立の中学から高校、大学へと進学し、特別な強みを持たない、よくいる世間一般の学生時代を経験して、何か特殊なスキルや天性の才能などもないままに就職しています。

また、就職後も何か高度なスキル、営業のテクニックや才能を得たわけではありませんでした。

あるとしたら、人の話を聞き、吸収する謙虚さと、持ち前のガッツだけでした。

ただし、それでも上場企業の社長になれたのには理由があります。その本質をお伝えしますので、次の社長を探している先輩経営者の方々や2代目社長になろうとしている方々に、何か一つでもヒントになり、将来の成功のお力になれれば幸いです。

私が代表となって6年。
代表としてがむしゃらに走り続けてきて、また先代が私に経営を引き継いだときの年齢に近づいてきて、気づいたことがあります。

それは、「先代はビジネスパーソンとして脂が乗っている時期なのに、なぜ？」と驚いた**あの事業承継は決して早すぎるものではなく、むしろ理想的なタイミングで行われたものであったということです。**

その理由は大きく二つあります。

一つめは、先代とともに、じっくりと時間をかけて事業を承継できているからです。

一般的な会社、特に上場会社においては、代表になると「社長業」のウェイトが大きくなり、営業や人事などといったその他の業務には時間を割きづらくなるでしょう。たとえば、経営が8割、営業と採用を合わせて2割といった時間の使い方になるでしょうか。

一方、経営を引き継いだばかりの私の場合は、これが逆転しており、経営が2割、営業と採用を合わせて8割でした。当時は営業部長・人事部長のような役割も果たしていましたから、経営に割く時間をごくわずかしか確保できなかったのです。

そんな私に対して、先代は根気強く経営のいろはを教えてくれました。もし先代が急にいなくなったらいったいどうなっていただろう……正直、今でもこう想像して、背筋が凍るように感じることがあります。

一般的に、事業承継というと「先代が高齢だから」「先代が新たなチャレンジをするから」と、急いで引き継ぎが行われるケースが多いのではないでしょうか。これまでの仕事もこなしつつ、後任への引き継ぎもしながら、経営者としてのキャリアを歩み始めるのは並大抵のことではないと想像します。

私の場合、先代が事業承継にじっくり時間をかけてくれています。先代が会社にしっかり身を置いた状態で、経営に伴走してくれたからこそ、スムーズなバトンタッチができたのだと考えています。この承継期間は今も続いています。

二つめの理由は、社長という肩書きがあるからこそ、早いタイミングで重要な経験ができたからです。

実際にはまだ経営に2割ほどしかタッチできていなかったとしても、社長という名刺があれば、行ける場所が広がります。たとえば、社長の肩書きがなければ、上場社長会には入れません。

実情はともかく社長の肩書きをいただけたことで、アクセスできる場所が増え、経営者として必要な経験をスピーディーに積めたと考えています。

さて、ここまで事業承継の話をしてきましたが、実は本書の最大のテーマは**「会社のイズム（理念・哲学）をつくり、浸透させ、継承する」**です。

まず簡単に、イズムの大切さについてお話しさせてください。

会社には、考え方や価値観の異なる人たちが集まります。同じ方向を向いて歩んでいるつもりでいても、一丸となって進んでいくことは決して簡単ではありません。

そこで重要な役割を果たすのがイズムです。

イズムという確固たる指針や手本があると、会社が組織としてまとまりやすくなるのです。たとえば、社長が、会社の進むべき方向性をメンバーに示し、メンバーを動かそうとするときを想像してみてください。**イズムの有無と浸透具合によって、社長の指示が実行に移されるスピードが変わります。**

イズムが全社にしっかり浸透していると、イズムに基づいて行われた意思決定や指示は、メンバーにとって容易に腹落ちするものとなります。**すぐに納得し、行動に移せるため、必然的に結果が出るスピードも速くなるでしょう。**

一方で、イズムが浸透していないと、指示に納得できない人が出てきます。結果として「嫌々ながら取り組む」「なかなか着手できず、上司に叱られる」などといったことが起こり、成果に結びつかないばかりか、職場の雰囲気が悪くなることもあるでしょう。

当社では、レントラックスイズムを設定しており、その実践・体現度合いに基づいた360度評価を採用しています（もちろんレントラックスイズムだけでなく成果でも評価していますが、ここでは説明を割愛します）。

評価結果を見てみると、役職順にイズムの評価が高くなっています。イズム評価が最も高いのは代表である私で、役員、執行役員、部長……と続くのです。不思議といえば不思議かもしれませんが、社内では「イズムを高いレベルで実践できる人は仕事もできる」ことの証明だととらえ、全社を挙げていっそうメンバーに対するイズム浸透に努めようと決意しているところです。

イズムが社内にしっかり浸透していると、事業承継はスムーズになります。なぜなら、後継者は「イズムを最も高いレベルで体現している／体現できる人は誰か？」という観点からシンプルに選べますし、選んだ後継者とイズムのすり合わせができている分、会社の目指す方向をゼロから伝える必要がなくなるからです。また、イズムを高いレベルで体現できる人が後継者であれば、代替わりしても、社内や取引先から不安や不満の声が上がることもないでしょう。

昨今、事業承継に課題を抱える企業が増えているといわれています。そのような課題に対して、少しでも力になれたらという想いから、本書の執筆を決意しました。当社の事業承継がうまくいった大きな要因である「イズム」について、そして事業承継のリアルについて、ぜひ最後までご覧いただけたら幸いです。

目次

第1章

革命前夜

就活時代は「早く仕事したい」「このエネルギーを早くぶつけたい」

社会人のようにバリバリ働いた学生時代

私は大学生時代、1年生、2年生くらいまでは、HIPHOPのダンスに夢中になり、クラブで遊び、髪の毛もパーマをかけたりアフロにしたりと遊びに夢中になっていましたが、

2年生の後半くらいからは、お金を稼ぐことに夢中になり、アルバイトでも、もはや社会人に近いくらいの収入を得るようになりました。

「大学時代って、遊ぶのが楽しくて仕方ない時期なのに、なぜ急にお金稼ぎ?」と思われるかもしれません。当時の理由はシンプルで、**お金がないと欲しいものも買えず、遊ぶためのお金もなく、後輩や付き合っている彼女にもご馳走できないのが、単純にかっこ悪いと思っていたからです。**

ダンスをやっていたのでクラブに行っても後輩の前では、カッコつけてお酒もご馳走したいし、洋服も着たいものが欲しい、彼女にはなるべくおいしい食事をご馳走したいし、プレゼントだってしたいもの。車も購入しましたので、月に10万円程度のアルバイト代では到底賄えません。むしろ皆それが普通だと思っていました。

「いい車に乗りたい」という思いも、私を突き動かしていました。

子どもの頃から車が好きで、18歳になり免許を取得した日に車を購入しました。初めての愛車は友人のお兄さんから譲っていただいた日産ローレルです。

ですが実は、本当に乗りたい車は他にありました。

それは、当時過走行の中古車でも200万円以上の価格がついていたアメ車の、キャデラックです。

キャデラックは燃費が悪く、税金も高いだけでなく、また今よりも広い駐車場を借りなければならず、毎月の駐車場料金がさらに高くなることもわかっていました。

今思えば子どもっぽさ丸出しですが、どうしても学生のうちにキャデラックを自分で購入して乗りたかったので、アルバイトで頑張って稼いで購入しました。

そういった思いから、学生ながらバリバリ働き、一般的なアルバイトだけでも1年あたり300万円以上は稼いでいたと思います。

「稼げる男になりたい」と思わせてくれた先輩の存在

大学3年生も後半になると、大好きだったダンスもクラブに行ったら踊るくらいで、あまりやらなくなり、就職活動の時期が近づいてくると、**「早く仕事したい」「このエネルギーを**

早くぶつけたい」という思いがより強まっていきました。

きっかけになったのは、ビジネスパーソンとして活躍する先輩たちの存在です。アルバイト先や大学で親しくしていた先輩たちが社会に出てバリバリ働いている姿を間近で見て、憧れを募らせていたのです。

憧れはどんどん膨らんでいき、**「学生として遊び惚けているのはダサくて子どもっぽい」「ダラダラ自由に遊んでいる生活からさっさと卒業して、仕事で男を磨き上げたい」**と思うようになっていました。大学3年生までに、とにかく思いっきり遊んだことも関係しているかもしれません。大学生という身分ながら、気分は既に卒業していたようなものでした。

そんな私の就職活動は、傲慢に聞こえるかもしれませんが、大変さはあまり感じず、社会に出るための大きな自信をつけさせてくれるものでした。

先述のとおり、学生ながら社会人並みに稼いでいたためか、揺るぎない自信があったのです。集団面接で同じグループになった学生たちを見て、「この人たちに負けることはないだろう」「子どもっぽい」と感じたほどです。我ながら、経験も気迫も話す内容の厚みもまったく違うように思えました。

結果として、本気の就職活動を始めてから内定を獲得するまでにかかった期間は、3か月程度だったと思います。苦労するライバルたちを横目に、むしろ楽しんで取り組んでいたことを覚えています。

入社したい会社の条件として挙げていたのは、**「つべこべ言わず、仕事に集中させてくれて、とにかく頑張り次第で稼げて、評価も差をつけてくれる会社」**です。

車の維持と高い生活水準を考えると、1年目の給料が安ければ赤字になってしまいます。**新卒であっても頑張り次第で稼げる会社**――この条件にぴったり合致したのが、中古車買取と販売を手がける株式会社ガリバーインターナショナル（現・株式会社ＩＤＯＭ）でした。

数ある「稼げる会社」のなかでも、なぜガリバーを選んだのか。

直感的にここだというのもありましたが、ここにもまた、尊敬する先輩の存在がありました。

ガリバーでは、アルバイトでお世話になった大好きな先輩が、全国で一番売上のよい店舗の店長として活躍していたのです。私とたった4歳しか違わないのに、先輩は相当稼いでいて、学生の私に「仕事がいかに楽しいものか」を見せてくれました。

その先輩は、入社してわずか1年ほどで全国トップに躍り出ていました。ちょっとやんちゃな部分がある人で、高卒でありながら高学歴の人をさっさと抜いていき、そのタフさと優秀さにより次々と結果を出し、本部でも知らない人はいないというくらい有名になっていました。

大好きなバイト先の先輩が仕事人間になり、部下に尊敬されている。フランチャイズ加盟店の店長としてオーナーにも認められて、直営店を含めて全国トップ店の店長として大活躍している――。そのストーリーは当時の私にとってあまりに鮮烈で、刺激的なものでした。

そんな姿に憧れた私が「どうすればそんなに結果を出せるんですか?」と聞くと、先輩はこう教えてくれました。

「とにかくたくさん営業したね。自分は高卒だけど、ガリバーは学歴に関係なく努力と知恵で同じ土俵で勝負できるから、数字を作る方法を学んでお客様と向き合って、思いっきりがむしゃらに働いただけなんだよ。そしたら意外に結果が出たし、やればやるだけ伸びるから楽しくなってね」

私は大学卒ですが、学歴に自信があるわけではありません。実力と男気でのし上がっていく先輩を見て、**「自分の戦い方はこれだ」**とイメージできたのです。その決意を、ガリバーの入社面接でも話したことを覚えています。

「以前のアルバイト先でも同じような働きぶりだったので、先輩のように頑張れば、同じような成果が出せるのだろう」という期待もあり、内定をいただいた後はとにかく「早く仕事したい」「とにかく稼ぎたい」思いが強くなっていきました。

みっちり埋まったスケジュール

先輩の存在もあってか、学生時代の私には**「社会で武器になるのは学歴や経歴ではなく自分自身の力だ」**という認識がありまた。そして「自分自身の力＝体力や根性、人のために時間やお金を使うこと（当時は意識していませんでしたが、人間力のようなものだと思います）」には絶対の自信を持っていました。

学生時代、私の予定は常にぎっしり埋まっていたものです。当時のスケジュールを見返してみても、「何も予定がない日」はほとんど見当たらないと思います。

たとえば、大学の仲間とスノーボードに行くとしたら、10時から22時までアルバイトをし、家に帰って支度して車で出発。仲間と深夜に合流した後、高速料金を節約するために下道で行くので、ゲレンデまでは5時間～6時間程度かかる。この時間はとても楽しく、全く苦ではありませんでした。

早朝に到着して2時間ほど仮眠をとり、1日たっぷり滑って、温泉などに寄ったあと、今度は渋滞もあり6〜7時間くらいかけて下道で帰る。夜中に東京に着いて解散した後、また10時から22時までみっちりアルバイト――。それを「きつい」「大変だ」とはまったく思っていませんでした。スケジュールミスにより2日連続で日帰りのスノーボードを入れてしまったときはさすがに焦って少し高速も使いましたが、体力には自信があったので、何とかこなせました。

いま振り返ると本当にタフだったなと思いますが、こんな生活を続けていたから、フィジカル・メンタルともにどんどん強くなっていったのでしょう。当時のスタンダード（普通）の基準が高かったので、心身の強靭さは、社会に出てからも強力な武器として私を支えてくれることとなりました。

新卒研修は「1位を取るのが当たり前と捉える」

ひたむきな努力ができたのは、とにかく早く現場に出たかったから

当時、ガリバーの新卒社員は約100名。その大半が営業配属の予定ですが、研修を経て、それ以外の部署に配属される人も若干名いると聞いていました。

私の希望はもちろん営業職。あこがれの先輩のように、スーパー営業として活躍したかったからです。

新卒研修では、一つの業務を学ぶごとに、その習熟度を測るテストがありました。私の目標は、すべてのテストにおいて、同期の中で1位を取ること。むしろ**「1位をとって当たり前くらいじゃないと先輩には近づけない」**というテンションでした。勘所がよく、今以上にタフだったこともあり、同期たちからも「山﨑は常に先頭を切ってやろうとするタイプだな」と思われていたようです。

また「ダラダラといつまでもテストに合格できないのはかっこ悪い」という思いもありました。同期には「全然覚えられない」「なかなか合格できない」などと悩んでいる人もいましたが、そういう人たちを見ては「もっと努力すればいいのに」と感じていたことを覚えています。そんな中でも、私と同じようにタフな精神力とセンスを持っている競争相手がおり、さまざまな関門で競っていたのを今でも覚えています。そしてライバルがいたからこそ楽しく取り組めたのだと思います。どの世界でもライバルや仲間は大事だなと思い知らされました。

なぜ私はそんなに努力を重視していたのか。

その根底には、入社前後に起こったパラダイムシフトがありました。

入社前の私は、仕事とはもっとシンプルなものだと思っていました。入社してすぐに現場に出してもらえて、実力次第でどんどん成果を出せると信じていたのです。ですが、いざ入社してみると、そのイメージはガラリと覆されてしまいました。

商談のロープレテストに合格しないと次に進めない、研修をすべて受けなければ商談には出させてくれない……実力以前に、新入社員に数々の〝関門〟が設定されているのは、私にとっては想定外のことでした。

そして、それらの〝関門〟を着実に、誰より早く乗り越える手段は努力しかないと考えていたのです。**睡眠時間を削ってでも暗記物を覚える、朝には誰よりも早く出社して資料を読み込む。**それこそが正しい努力であると考えて、実行していました。

ひたむきな努力ができたのは、「早く現場に出たい」という気持ち以外にも、憧れの先輩の存在も大きかったと思います。先輩はものすごい時間を仕事に費やしている方でした。「ライバルに勝てるのは知恵や人脈ではなく、あくまで体力と努力する姿勢だ」という考えのもと、とにかく努力、努力、努力というスタンスだったのです。今の若い方には昭和の根性論だと思われてしまうかもしれませんが、実際にそれで結果を出していたのですから、共感しましたし、憧れずにはいられませんでした。

その人と同じ姿勢で、同じように一生懸命取り組めば、先輩のようなすごい人になれる――。その一心で努力を続けました。

全国トップ成績の営業だった先輩と同じような考え方とテンションで新卒研修に取り組んでいたのですから、常に先頭グループに入っていられたのは当然の成り行きでしょう。

新卒入社のガリバーで従事した「法人営業」の仕事

三方よしのシステムを広げていく

新入社員研修を終えた私は、まず店舗にて、中古車買取業務の補佐を経験しました。その仕事を2か月ほど経験したのち、すぐに法人営業に配属されることとなります。

当時のガリバーのビジネスモデルは、お客様から車を買い取り、オークションで売却して、買取金額と売却金額の差分で利益を出すというものでした。
それに加えて、当時のガリバーは、お客様から買い取った車をすべてオークションに出品するのではなく、オファーがあったものはユーザーに直接販売するという仕組みを整えようとしていました。
その販売の過程には「業者販売」という売り方もありました。一般のお客様から買い取った車を「ゴールドラウンジ」というシステムに登録しておけば、中古車販売店や整備工場、板金工場の店長や営業スタッフがリアルタイムで在庫を確認し、購入希望を出せるというものです。

ガリバーが一般のお客様から買い取った車は、10日ほどでオークションに出品され、あっという間に買い手がつきます。業者販売は、一般のお客様から買い取った後、オークションに出品されるまでの10日の間に「ピン止め」ができる、いわば「待った」をかけることができる仕組みです。

業者さんにとっては、ガリバーの在庫の中から良質な中古車を手軽に買い取れる。ガリバーにとっては、オークションに出品するよりも高額で買い取ってもらえる可能性がある。そんな、業者さんにとってもガリバーにとってもＷＩＮ－ＷＩＮのシステムだといえます。

このシステムはサブスクリプション型で、月額３万円程度をガリバーにお支払いいただきます。法人営業をし、このシステムを多くの中古車販売店や整備工場、板金工場に導入していただくのが、私の仕事でした。

ガリバーが買い取った中古車は、業者販売した先でどのように扱われていたのか。９割ほどを占めていたのは、次のようなパターンです。

整備工場で車検をするとき、古い車だと、車検と同時に修理もしてもらうことがあるのをご存じでしょうか？　ところが、古い車であればあるほど、修理費用は高額になり、場合によっては20万円、30万円にのぼることもあります。修理費用が高額になるなら、別の車を新たに購入したほうがお得だと考える人も多いでしょう。

そこで整備工場は、修理費用が高額になる場合、「この車を修理して乗り続けるよりは、

100万円ほどで別の車を買いませんか？」と提案することになります。そんなシーンでガリバーの業者販売システムがあれば、「このシステムに何千台もの在庫が掲載されていますから、ご覧になりませんか？」と提案でき、販売によって利益を得ることができるのです。

また当時、車検は毎回同じ業者に依頼するのが一般的でした。何度も車検を依頼するうちに、「ついでにオイルも交換しておいてください」「そろそろ乗り換えを検討したいので、おすすめの車が出てきたら連絡してもらえますか？」などと、自然と業者さんとの間にコミュニケーションが生まれます。そうしたリクエストは整備工場にとって重要な収入源でしたから、どんなリクエストにも応えられるガリバーのシステムは、非常に重宝されました。

当時はスマホさえない時代。現物を見ずして車を買うなんて、まずありえないことでした。大抵のユーザーは「絶対に一度は試乗しないと安心して買えない」というスタンスだったのです。

ただ、そこに修理工場が介在すると、ユーザーの安心感は変わります。

信頼している整備工場がガリバーのシステムを見せて「このプリウス、値段の割に状態もいいし、おすすめですよ」と説明すれば、ユーザーは現物を見なくても安心して購入できます。整備工場だからこそ「うちできちんと整備してから売りますから、ご安心ください」といったコミュニケーションも可能でしょう。何度もやり取りをした業者が太鼓判を押している車なら、信頼できて、実物を見なくても安心して買えるのです。

これは、ユーザーと整備工場のみならず、ガリバーにとっても大きなメリットです。ガリバーの店舗に来店するのは「はじめまして」のお客様ばかり。車を購入していただくには、丁寧にコミュニケーションをとり、信頼関係を築くところからスタートしなければなりません。

ガリバーが店舗で販売するより、整備工場で販売していただいたほうが効率よく、ガリバー・整備工場・ユーザーの三方よしになる。だからガリバーは法人営業に注力し、整備工場を中心にシステムを広げていったのです。

とはいえ、整備工場からは月額3万円のシステム利用料をいただいていましたから、その利用料がペイしなければすぐに解約されてしまいます。

そこでガリバーは、整備工場のチャーンレート（解約率）を改善させるために、中古車の整備をゴールドラウンジ加盟店に依頼する仕組みをつくりました。つまり整備工場は、ゴールドラウンジに加盟していれば、中古車販売ができるだけでなく、ガリバーから整備や車検の依頼が入るのです。これを付加価値として、システムをどんどん販売していきました。

社内でも有名な超絶厳しい役員の元で、研修と営業初日の契約を経験

法人営業チームでは、超絶厳しいことで有名な役員の元に配属され、厳しい研修と特訓を経て、目標をクリアしたら営業に出られるようになりました。

といっても、先述のとおり、最初から現場に出してもらえるわけではありません。入社早々、いくつかの関門がありました。

まずは営業ロープレテスト。ここに合格しないと次に進めません。テストは深夜まで繰り

返し続き、お願いすると休みの日でも訓練にお付き合いいただけました。先輩の家に泊まらせていただき、翌日また講師の家まで行ってテストを受けます。付き合ってくれた上司や先輩方には頭が上がりません。

テストに合格すると、次はコールセンター研修です。ひたすら電話をかけて、アポイントをとります。アポイント獲得数1位、もしくは2位をとれたら現場に出してもらえるというルールでした。

研修には常にゲーム感覚で取り組んでいました。同期の中で最初に合格して、いち早く現場に出るゲームです。いま思い返せば、暗記しなければならないことも多く、大変だったと思うのですが、楽しんで取り組んでいたことを覚えています。研修よりもよっぽど楽しく、ワクワクして受話器を握っていたのを覚えています。

営業ロープレ研修をクリアした私は、コールセンター研修に進み、2位にダブルスコアをつけて1位をとることができました。**念願かなって、同期の中でいち早く現場に出してもらえたのです。**

「同期の中で一番早く現場に出る」という目標をクリアしたら、次なる目標は「初日に契約を取る」です。このこだわりは誰よりも強かったと思います。千葉県富津市の整備工場に行き、その日に夕方の商談で、即決で契約を獲得することができました。

契約を取った日、電車に乗っていると、会社の番号から携帯電話に電話がかかってきました。相手は名乗りもせず「契約、おめでとう」といいます。「ありがとうございます」と答えつつ、「誰だこの人は」と思っていると、「羽鳥です」と。

羽鳥というと、当時の社長の名前です。とはいえ、社長が新卒社員に電話をかけてくるなんてありえない。「さすがに嘘だろう」思って「いやいや……（笑）。誰なんですか？」と聞いたら、本当に羽鳥社長だったので驚きました。しかも電車の中で電波も悪く、大変失礼なことをしてしまったと、今でも思い出すとやり直したい気持ちになります。新卒が初日で契約を取るというのは、それくらい大ごとだったのだと思います。

〝新卒拠点長〟として北海道の拠点を全国3位に導いた

ガリバーは完全なる成果主義。成果だけがシンプルに評価され、努力し、成果を出せば出すほど評価が上がっていく、そんな環境でした。

驚かれるかもしれませんが、新卒社員であっても、基本給よりもインセンティブの占める割合のほうが大きいのです。そして、一定期間、連続で売上目標を達成すると一般スタッフから主任に昇進し、主任としてまた連続で目標達成すると拠点長に昇進する……といったステップが決められており、年次にかかわらず、定められた目標を達成し続けた人が昇進できるルールでした。

私はというと、目標を達成し続けた結果、新卒1年目の1月に拠点長になりました。これは拠点長になる最短ルートでした。

配属されたのは北海道の拠点。**新卒1年目にして、初めての部下を持つことになりました。もちろん部下は全員年上です。**

最短ルートで拠点長になれたことは、シンプルにうれしかったです。

当時は恋人がおらず身軽でしたし、友だちからの誘いもすべて断り、せっせと仕事に精を出しました。「稼ぎをランクアップさせる」という目標の達成に夢中になっていたので、一種のトランス状態だったのかもしれません。洗濯の時間と少しの睡眠時間さえ確保できれば、プライベートの時間は不要だと思っていました。仲のよい友人達には、今年は仕事に集中するから遊べないと事前にいってありましたし、そんなことで切れる友人達ではないと思っていました。

ただ、43歳になった今も当時の友人達とは交流があり、家族ぐるみで毎年キャンプに行く友人や、年始は恒例の初詣があり必ず3家族で集合する友人もいて、当時の話を聞くと、「あまりに仕事ばかりしているから気が変になったのかと思った」といわれます。愛媛の松山にいるときは、あまりに誘いに乗らないからと心配して会いに来てくれた友人達もいました。仙台にいるときもわざわざ千葉から来てくれた友人がいました。そう考えるととても幸せものですね。友人はとても大切です。

新卒当時の札幌支店の最年長は40歳でしたから、新卒が40歳をマネジメントするような格好きになります。「やりづらかったでしょう」といわれることもありますが、意外とそうでもありません。成果主義の風土ですから、みんな「年下の上司」には慣れています。部下ではありますが、年下の上司である私をかわいがってくれて、逆に飲みに連れて行ってもらうこともしばしばありました。

年上の部下の方々から色々教えてもらいながらも、達成への執念と実績の面で私を拠点長だと認めてもらい、チームとしても太くなり、一枚岩になっていくのがとても楽しかったのを今でも覚えています。

浦安本社でも、先輩たちにはずいぶんかわいがっていただきました。本社に出社するたびに飲みに連れて行ってもらい、「おまえ、やるな!」「俺と同じ役職になったじゃん、新卒なのにすごいよ」としきりに褒めていただいたことを覚えています。やっかみや足の引っ張り合いもない環境で、人間関係にはずいぶん恵まれていたと思います。そんな先輩達が私は大好きでした。

マネジメントにおいては「上に立っても偉そうにしないこと」を常に意識していました。

上司・部下というのはマネジメント上の肩書きにすぎません。部下であっても、尊敬できる点はたくさんあります。尊敬の念は隠さないようにしていましたし、わからないことがあれば素直に「教えてください」「私はこう思うんですけど、どうでしょうか?」と教えを求めることを心がけていました。

また、自分の思いを常に発信することも大切にしていました。「一番をとりにいきたいです。でも、私は新卒でまだ知恵が足りないので、ぜひお力を貸してください」とお願いしたのです。

素直にお願いした甲斐あってか、年上の部下たちは「この若い拠点長を俺らで盛り立てようぜ」といい、あらゆる知恵を授けてくれました。地図を広げ、深夜まで戦略を練り、攻めどころを明確にして動き出しました。

それからというもの、北見市がまだ手薄だとなり、日帰りで朝4時に家を出て受注したり、次は帯広だといって出かけていったりしました。ボロボロの社用車に乗って真冬の日勝峠へ日帰りで行ったのもよい思い出です。腰と背中がパンパンになりましたが、受注した帰りの車は、眠気を覚ますために歌いながら音楽をガンガンかけて帰ったのを覚えています。

実際、一枚岩となった札幌支店のメンバーがめちゃくちゃ動き回って営業してくれたおかげで、拠点の売上成績は全国3位に上りました。東京や神奈川などの首都圏ならいざ知らず、真冬の北海道の拠点が全国3位になるのは結構大変です。彼らの力なしには、このような偉業はなしえなかったでしょう。今でもそのとき戦った戦友でもある部下の一人とは交流があります。

メンバーたちは常に「新卒の拠点長を支えてやろう」と思ってくれていました。だからこそ、**拠点長である私は、常に売上1位でなければ示しがつきません。**そこは常に意識して、マネジメント業務や報告業務もある中、毎日夜遅くまで仕事をしていました。

難易度の高い拠点でも成果を出せた理由

北海道の拠点長を4か月間務めたのち、入社2年目の5月に仙台の拠点に異動しました。北海道で成果を出すのは難しかったのですが、東北の仙台はもっと難しいといわれており、仙台の拠点は売上が振るいませんでした。そんな中、「立て直しするように」と命じられ、

5月から7月まで仙台の拠点で営業活動をしました。

宮城県内は前任の営業が開拓しつくしています。新たなニーズを模索すべく、山形や岩手によく足を延ばしました。その都道府県の特徴を把握し、地元のキーマンを見つけて親しくなり、キーマンからの紹介によって数字をつくっていった結果、期待された以上の成果を残すことができました。なぜキーマンの方々に可愛がられたのかは、今でもよくわかりませんが、その場で電話をしていただき、紹介されて受注したこともしばしばありました。

感触も掴み、「よし！　この拠点でも全国で上位を狙えるぞ」と思った矢先に次の異動を命じられました。

次に異動したのは、東北よりもさらに難易度が高いとされていた四国、松山です。

私の印象ですが、四国の松山は仙台をはじめとする東北地方より、さらに難易度が高かったです。**これまでの勝ちパターンがまったく通用せず、何日か連続して契約がまったく取れなかった日もあります。**

なぜ四国では、これまでのやり方が通用しなかったのか。

それは、**首都圏とは商慣習がまったく違う**からです。具体的にいうと、現地の中古車販売店や整備工場では仕事の取り方が首都圏とは違っており、首都圏ではうまくいったトークスクリプトがまったく役に立たなかったのです。

「そうですね、これは契約したほうがいいですね」と納得はしてもらえても、「検討します」という回答で、一向に決まりません。

東北や松山は土地が安いため、整備工場が作りやすく、中古車販売店が自前の工場を所有していることもしばしばです。ですから、ガリバーと整備工場がお互いに仕事を紹介し合うビジネスモデルはなかなか成立しません。また、「大手の力は借りない」という地元愛のようなものも感じました。

商慣習の違いに気づいた私は、地元出身のメンバーに地元の慣習を教えてもらうことからスタートしました。そして、一緒に本社のトークスクリプトをベースにしつつ、自分流のエッセンスを加え、それを試し、改善して、また試して……というPDCAサイクルを回していったのです。すると試行錯誤の甲斐あって徐々に成果を出せるようになりました。

「よし、四国も攻略してやるぞ」と思っている矢先に、次の転機が訪れました。

営業部長に口説かれ、一度目の転職を即決

「一緒に上場を目指さないか?」

自分なりのやり方で成果が出始めてきたころ、私にとっての大きな転機がありました。それは、ガリバーから転職し、自動車情報サイトを運営するカービュー（現・LINEヤフー株式会社）に入社していた元・営業部長に声をかけてもらったことです。

私は当時、社内表彰を受けることもあり、社内でも有名になっていたようです。営業部長と直接の面識はあまりなかったものの、私のことは知っていてくださったようで、**「カー**

ビューに来ないか?」と声をかけてくれたのです。

彼の口説き文句は次のような感じでした。

「カービューは孫正義さんとビル・ゲイツさんがつくった会社で、上場を視野に入れており、ガリバーより大きくなる可能性を秘めている。まだ赤字になったり黒字になったりを繰り返しているレベルの新しい会社だが、**俺と一緒に上場を目指さないか?**」

私は「物は試しだ」と思い、月に一回ある本社会議のタイミングで、カービューの社長に会いに行くことにしました。**社長の話を聞いてすぐ「これはおもしろいかもしれない」と直感し、二つ返事で「入社します」と答えたのです。**

「ガリバーで十分な成果を出して高く評価されていたのに、転職を即決するなんて……」と思われるかもしれません。

私は、大きな決断こそ即決するタイプなのです。

学生時代に235万円でキャデラックを買ったときも、当時の私にとってはかなり大きな金額でしたが、現物を見たその日に購入を決めました。「持ち帰って検討する」ステップはあまり存在しません。「買います。どうすれば買えますか?」と聞き、定められた手続きをしただけです。

マンションを購入したときも同じ。「よい」と思ったら、それ以上の検討は不要なのです。結果、どうせ買うのですから早いほうがいい(笑)。

転職の話に戻しましょう。

ガリバーの上層部からは当然、引き留められました。

法律上、会社としては退職希望者に「ダメだ」「認めない」ということはできません。それでも「いやだ、やめないでくれ」というようなことをいわれたのを覚えています。

それ以上やり取りをすると、自宅までやって来て説得されそうでしたから、「本当にすみません」といって振り切ってしまいました。有給休暇が残っていたようですが、取ったことがなかったので取り方もよくわからず、まったく消化しないままに退職し、新卒2年目の10月にカービューに入社しました。

ほぼ同時に、もう一つ大きな出来事がありました。数年にわたり親しくしていた女性との間に子どもができたことがわかり、プロポーズしたのです。もちろん結婚も即決でした。今思えばかなり雑だったので、ここだけはやり直したいです。

カービューの営業部長として取り組んだ三つの事業

カービューは、複数の自動車に関わる事業を展開していましたが、メイン事業としては、中古車を売りたい人が一括査定できるサービスを運営していました。一括査定は今となっては一般的なサービスですが、当時のカービューは一括査定の先駆けのような存在。**このサービスが大当たりし、さらに伸ばして上場させようと盛り上がっているフェーズでした。**

新しい車種の試乗レポート、新車の見積もり、車検の依頼など、自動車に関わるさまざまなコンテンツを有していましたが、中古車の一括査定が収益の柱でしたから、この分野を伸ばしていくという方針だったのです。

入社した私が最初に取り組んだ業務は二つ。中古車や建設機械を買い取って輸出するための現地での対象車両探しと、中古車買取店への法人営業です。

そして入社後半年ほどすると、一括査定サービスをより充実させるため、中古車販売店の開拓がミッションになりました。ガリバー在籍時と同じような営業先に足を運んでは数字をつくっていきました。

当時、「いつも一番に会社に来ていて、いつも最後のほうに帰るな」「すごくやっている人がいるな」と感じていた人がいるのですが、その人こそ、レントラックスオーナーであり会長でもある金子英司さんです。その時は、とにかく結果を出しており、仕事にも厳しく、ただお酒も好きで飲みに連れて行ってもらったことが記憶に残っています。

入社から半年程度経ったタイミングで新卒社員が入社してきました。社会人3年目の私は、新卒2名の上司となり、チームを結成。リーダーとして、部下を育成し、チームで成果を出すことがミッションになりました。

やがて事業の成長とともにメンバーとチームが増えていき、リーダーからマネジャーに昇格。27歳、28歳頃には営業部長となり、時を同じくしてカービューは上場を達成しました。

営業部長になった後は、主に三つの仕事を兼務しました。

車一括査定のサービスと一緒に伸ばしていったのが、中古車を海外に輸出するサービス（tradecarview）です。上場前から準備していて、上場後に拡大していった事業です。私自身も貿易実務を学び、実際に、中古車の仕入れから、アフリカのバイヤーへの販売を何台かこなし、一連の流れを覚えて、売れ筋の車両の目利きにも慣れたところで、これから貿易を始めようとする中古車屋さんを対象としたコンサルタント業務にも従事していました。全国各地にメンバーが受注したクライアント先の講師としても出るようになりました。

当時の移動はかなりハードで、月内の数字に間に合わせるために、北海道でコンサルした後、名古屋に向かい一泊して、翌日朝一番で名古屋でコンサルし、その後広島に移動して16時頃から夜までコンサルして、夜遅くにお客様と食事という日もありました。学生時代やガリバーのときのハードワークを思い出して頑張ったのを今でも覚えています。

また、当時はちょうどLINEやTwitter（現・X）が出てきたばかりのタイミング。車好きのコミュニティサイト（ブログ）をつくってマネタイズしようと、当時M&Aで買ってきたサービスを改修し、立ち上げた「みんカラ」というサービスも手掛け始めました。

コールセンターを立ち上げ、営業現場を一変

続いての挑戦は、コールセンターの立ち上げです。
当時の主な事業と営業を進めている事業は、以下の三つでした。

◎「国内営業」（査定サービス）
◎「海外営業」（貿易サービス）
◎「SNS営業」（みんカラ）

国内営業、海外営業、SNS営業の3事業において、アポイントをそれぞれの営業担当者が獲得するのではなく、コールセンターを設立し、アポイント取りを専任スタッフに任せようという方針になったのです。大手の取引先の営業はそのまま担当し、30人規模のコールセンターをゼロから立ち上げて軌道に乗せることが、私のミッションとなりました。

「テレアポなら、専門業者に外注したほうが身軽だし、手間もかからないのでは？」と思われるかもしれません。

たしかにカービューでは、アポイント取りを専門業者に外注していた時期もあります。ですが「アポイント1件につき○○円支払う」という契約形態なので、どうしてもアポイント数重視となり、受注見込みの少ない、〃薄い〃アポイントばかりが供給されるという課題がありました。

その課題を解決するために「アポイント経由の成約1件につき○○円支払う」という契約形態に変えたのですが、それもうまくいきませんでした。「成約できそうなアポイントしか取らない」となり、アポイント数がまったく増えなくなってしまったのです。

それに、外注すると、打ち合わせは多くても週に1回。打ち合わせを待っていると、指示や方針を伝えたくてもタイムラグが生じ、月次の業績に大きな影響が出るものです。これでは、外注先に大金を支払っていても、求めるような成果は得られません。

アポイントは営業のガソリンですから、常に大量に供給される必要があります。アポイントが足りないと、営業担当者が手持ち無沙汰になり、貴重な時間がムダになってしまいますし、当然ながら受注も生まれません。

そこで私は**「自分でテレアポ部隊を教育して、精鋭チームをつくろう」「内製化して、どんどんPDCAサイクルを回していこう」**と考えました。**立ち上げコストや維持コストがかかることはわかっていましたが、それをペイできるという自信があった**のです。

コールセンターはまったくのゼロからの立ち上げであり、知識も経験もありません。研修に通ったり、コールセンター長が集まるようなイベントに参加したりと、週末などを使って精力的に情報収集することを心掛けました。

「そこまで抱え込まなくてもいいのでは？」と思われる方もいるかもしれませんが、**自分でやると決めた以上、率先して情報を取りに行き、貪欲にノウハウを吸収したかったのです。**

自ら研究に研究を重ねた私は、「コールセンターをつくるには採用が非常に重要だ」という結論にたどり着きました。そこで、採用のプロセスを検討したり、コールセンター独自の評価制度をつくったり、教育フローを仕組み化したりする業務に従事しました。誰かに依存するモデルではなく、人数分の成果がきちんと出る仕組みをつくりたい――。そんな思いで、綿密にプロセスを設計したのです。

コールセンターのメンバーが30人程度になった頃には、運用がすっかり軌道に乗り、各事業部にアポイントがどんどん供給されるようになっていました。つまり、営業担当者自身がアポイントを取る必要はなく、コールセンタースタッフから「○月○日○時に○○社を訪問してください」と申し送りを受けて、商談に向かうのが主な業務となりました。

経験のある方ならわかるかと思いますが、外回り営業とテレアポを両立させるのは非常に大変です。法人であれば、9時から19時頃までしか電話が通じません。1日に何件もある商談の合間を縫って、時には外出先から電話をかけて、初めて話す相手に自社についてアピールし、アポイントを獲得しなければならないのです。

一方、**コールセンターからアポイントが供給されるようになれば、そうした悩みからは解放されます。**「今日はどのタイミングでテレアポの時間を確保しようか」「今月はあと○件アポイントを獲得しなくてはならない」などと考える必要もありません。商談にのみ集中できるのは、営業担当者にとって非常にありがたいことなのです。

二度目の転職、レントラックスへ入社

「自分を本気で必要としてくれている」と感じた口説き文句

カービューで三つの事業＋コールセンターをマネジメントする日々が1年ほど続く間、カービューの元上司、金子英司とは度々会い、食事に連れて行ってもらいました。金子はカービューの上場前に独立し、現在のレントラックスを創業。カービューではマーケティングと営業の本部長を兼務しており、私の上司でした。身を置く組織は違っても、敬愛する存在であることは変わりませんでした。

会うたびに「一緒にやろうよ」と声をかけてくれたのですが、当時のカービューは上場を控えており、私が営業部長になる直前〜直後というタイミング。「金子さんとはいつかまた必ず一緒に働きたいけれど、いまがそのときではない」と考え、特にアクションをせずにいました。

ですがあるとき、その決意を揺るがす出来事が起こります。

自分でも独立して事業をやろうと考えていて準備も着々と進めていた矢先に、**金子が「山崎、一緒にレントラックスを上場させよう」といってくれたのです。**

第三者からすると、「一緒に上場させよう」という言葉は、あっさりしたものに聞こえるかもしれません。きっと金子本人を知らない人からすると、「なぜそんな何気ない一言が決意を揺るがすことになるの？」と疑問を抱くでしょう。

ただ、金子はシャイな性格でもあり、スッと目を見て一言でいつも語ります。私のように暑苦しく何度も夢を語るタイプではありません。その性格を知っていたからこそ、金子の口から出た「一緒に上場させよう」という言葉が強く胸に響いたのです。控えめなその言葉の裏には「山﨑と組めばきっと上場できる」「山﨑とまた一緒に働きたい」という熱い思いがあるはず――。その思いを感じ取ったからこそ**「自分を本気で必要としてくれているんだから、転職しよう」と決意することができた**のです。

しかも金子と話しているうちに、「自分が入社した後、こういう領域や場面で活躍できるだろう」とクリアにイメージできていました。営業の第一線でバリバリと成果を出すことはもちろん、マネジャーとして営業のプロセスを確立することも、組織をつくっていくことも、私の得意分野です。カービューでは大手企業の顧客対応を担当していましたから、上場に向けてこの先多く発生するであろう大きな取引もしっかりコントロールできるという自信もありました。

レントラックスで強みを生かして活躍する自分を想像しながら金子の話を聞き、その場で「行きます」と返事をして、すぐに転職しました。

当時コールセンターの研修などのタイミングから、やろうとして準備していたHRテック系の事業も、レントラックスでシステム化し、ジョインしてやればいいとおっしゃっていただき、確かにそのほうが加速するし、やりたいことも実現できるということも頭をよぎり、一緒に持っていきました。それが今のレントラックスの人事評価制度につながっています。

ガリバーで1年半、カービューで7年半。2012年にレントラックスに入社した私は31歳になっていました。レントラックスが創業して7年目のタイミングです。

ここでもやはり即断即決でしたが、その裏には重い覚悟がありました。カービューでは営業部長という役職でしたから、それなりの報酬をいただいていました。一方、当時のレントラックスはまだ小規模で、報酬ももちろんさほど高くはありません。転職によって、給料は下がりました。高額なマンションも買っており、当時は二人目が生まれたてということもあり、収入の変化はそれなりに応えましたが、そんなことよりも楽しみのほうが大きかったのを覚えています。

金子という存在がなければ、私も転職を決意できなかったかもしれません。ただ、金子を尊敬していましたし、**「この人と一緒に一生懸命仕事をすれば、本当にレントラックスを上場させられるだろう。**赤字の月もあるかもしれないけれど、それでもなんとかやっていける。

すぐに結果を出せるはずだから、給料はそのときに上げてもらおう」という考えが自然と浮かび、挑戦する価値を感じられたのです。

一言でいってしまえば、金子と一緒にビジネスをし、一緒に仲間を増やしていって上場し、その先に大きなステージを創り上げる――。このことにワクワクしたのです。私にとって、仕事で大事なのは「一緒にやる人」。**一緒に大きな挑戦をする人として、金子以上のパートナーはいないと確信できました。**

転職するにあたって、金子と私の役割の違いも計算していました。

カービュー在籍時、金子はマーケティングと営業の本部長を兼務し、先頭を切って会社を大きくしていきました。私は体力で勝負するタイプですが、金子には深い知恵があり、金子以上に考える力や本質を見抜く力を備えた人を見たことがありません。**私にないものを持っている大先輩のそばで仕事をして、その能力を学びたいという思いもあったのです。**

第2章

カリスマ社長と歩んだ上場への道

レントラックスの四つの事業

レントラックス入社後、上場までのストーリーをお話しする前に、レントラックスの事業について簡単に紹介させてください。

レントラックスの事業は大きく分けて四つ。既存事業三つと、新規事業があります。まずは既存事業について説明していきましょう。

既存事業(1)ASP事業

売上高の8割ほどを占めているメイン事業が、ASP(アフィリエイトサービスプロバイ

ダー）事業です。

ASP事業とは、広告主とメディアを仲介するビジネスのことです。商品・サービスの広告を出したい企業と、商品・サービスを宣伝することで利益を得たいメディアをつなぐのが、私たちの役割です。

企業にとっては、ASPを利用することで、メディアと直接交渉することなく、商品・サービスを宣伝できます。

メディアも同様です。企業と直接やり取りする必要なく、さまざまな商品・サービスを取り扱って、利益を上げることが可能です。

2024年8月現在、日本の広告系ASP市場には、100〜150社ほどの同業他社が存在しています。業界1位はプラットフォーム「A8.net」を運営する株式会社ファンコミュニケーションズ、2位はプラットフォーム「Rakuten LinkShare」を運営する楽天子会社、リンクシェア・ジャパン株式会社。**レントラックスは業界3位のポジションで、業界1位を目指して日々ビジネスに磨きをかけているところです。**

ＡＳＰは、メディア様がオープンなのか、それともクローズドなのかという観点から、オープンＡＳＰとクローズドＡＳＰの2種類に分けられます。

業界1位のプラットフォーム「A8.net」を運営する株式会社ファンコミュニケーションズはオープン型で、レントラックスはクローズド型です。それぞれのメリット、デメリットを簡単に紹介しましょう。

◎オープン型のメリット

メディアのメリット：気軽に登録して多くの広告案件から自分にあった広告案件を獲得できる

広告主のメリット：小規模のメディア様から有力メディア様まで幅広くリーチ可能

◎オープン型のデメリット

メディアのデメリット：報酬を上げてランクを上げないと担当がつかないことが多く、ク

ローズドＡＳＰよりは報酬が低い案件もある
広告主のデメリット：初期費用や固定費が発生することがあり、費用対効果が合わせにくいことがある

◎クローズド型のメリット

メディアのメリット：玄人向けのＡＳＰのため、報酬単価が高く、営業担当がつくことが多い
広告主のメリット：初期費用や固定費が発生しないことが多いため、費用対効果を合わせやすく、質の高いメディア様とつながり少数精鋭で管理も行き届きやすい

◎クローズド型のデメリット

メディアのデメリット：獲得方法や質の管理が厳しいため、緊急時などは営業担当と連絡が取れる状態を作らないとならない
広告主のデメリット：条件の低い広告案件は、メディア様に取り組まれる確率が低く、営業がメディア様にアプローチしないと結果が出にくい

オープン型とクローズド型、それぞれにメリットとデメリットがあることがおわかりいただけたでしょう。ざっくりいうと、オープン型はメディア様の数重視、クローズド型は質重視となります。どちらが正解というものではありません。

レントラックスがクローズド型を選んだのは、広告マーケティングに長けている、**レベルの高いメディア様のみに案件を紹介し、広告主様に満足してもらいたいからです。**入会には審査があり、私たちが見込んだメディア様のみをパートナー認定し、成果第一で取り組んでいきます。認定されたメディア様のみと取引をするため、不正が起こりづらく、管理の手間も最小限で済みます。

また現在、レントラックスにとって有利な流れが起こっています。
政府の方針により、広告主様やメディア様に対しても、広告表現の規制をかけているのです。その流れの中で、**「少数精鋭のクローズド型なら、法律を遵守しつつ、成果を出してくれそうだ」**とレントラックスとの取引を選んでくださる広告主様が増えています。

ここで、ASP事業のビジネスモデルについて簡単に紹介しましょう。

レントラックスの営業チームが広告主様を開拓します。仮に、アプローチする広告主をA社、A社の商品であるペットボトル飲料をBとすると、A社に対して次のように提案します。

「Bが1本売れたらいくらという成果報酬をいただけませんか？」

これに対して、A社は次のように回答します。

「Bなら、1本あたり60円を支払えます。どんどん売ってください」

もしくは、次のようなパターンもありえます。

「Bには50円も出せません。1本あたり30円でいかがでしょう？」

価格交渉の末、仮に「Bが1本売れたら50円の成果報酬をいただく」と決まったとしましょう。50円の成果報酬からレントラックスの手数料10円を引いて、メディア様に次のように提案します。

「ペットボトル飲料Bの広告案件に興味ある方、いますか？　成果報酬は1本あたり40円です」

メディア様から「興味あります」「サイトがあるので売りたいです」と返事があったら、その人たちのサイトを見て、集客経路を確認します。そのうえで「この方ならBをしっかり売ってくれそうだ」と確信できたメディア様をピックアップし、広告主様に提携を依頼します。

ここまできたら、いよいよ集客スタートです。

メディア様の運営するサイトや記事広告にBのリンクを貼ってもらい、その月にBが購入された分だけ、広告主様に請求を立てます。広告主様から成果報酬をいただいたら、レントラックスの手数料を差し引いて、メディア様に支払います。

「商品が1本売れても、レントラックスには10円しか入ってこないなんて、小規模なビジネスだな」と思われるかもしれません。

ですが、私たちの扱う商材は実にさまざま。商品一つにつき100円程度の手数料をいただくものもあれば、商材によっては、成約1件あたりの手数料が1万円ほどになることもあります。案件数は2024年8月現在4000件以上ありますし、**広告主様1社につき1億円、2億円のお取引になることもあります。**商品一つあたりの手数料は少額でも、動くお金はまとまった金額になるのです。

商材はさまざまと書きましたが、とりわけレントラックスが得意としているのは金融、つまりカードローンやクレジットカード、求人メディアなどの人材会社の集客や、自動車、不動産、クリニックなどの分野です。それ以外にも、化粧品や健康食品、食品類、士業や来店型の店舗集客まで、ありとあらゆる商材を取り扱っています。

ASP事業が軌道に乗るまでの苦労

レントラックスがASP事業を始めた当時、世間一般的に、成果報酬型のアフィリエイトにはネガティブなイメージがありました。アフィリエイトの評判が下がり、質が悪いという声が出始めた時期だったのです。広告主様に提案に行っても、アフィリエイトというキーワードを出した途端、「アフィリエイトは使いません」と即座に断られてしまうことがしばしばでした。

そのような状況でしたから、新規顧客開拓にあたっては、「あまりいいイメージはないけれど、興味はある」といってくださるお客様の不安を取り除かなければなりません。「クローズド型でしっかりとメディア様を管理して、不正が起きない状況をつくります」と真摯にアピールをし、メディア様一人ひとりを丁寧に審査して、連絡手段と得意分野も把握するといった作業を進めていきました。

当時、クローズド型ASPは珍しい存在でした。「クローズド型だと、メディア様が集まらないのでは?」というご意見も多くいただきました。

ですが、少数精鋭のメディア様たちと密な関係性を築き、成果が上がるようになると、徐々に支持してくださるお客様が増えていきました。**月額利用料やアカウント開設手数料が発生しない完全成果報酬型だったことも、多くのお客様がレントラックスを選んでくださる理由でした。**

とはいえ、はじめから優秀なメディア様たちとの関係性が築けていたわけではありません。開拓には地道な努力が不可欠でした。

たとえば商材がクレジットカードだとすると、まずは「クレジットカード　比較」などと検索します。検索結果に表示されたサイトを一つずつ訪問し、連絡先を探して、一人ひとり連絡して「レントラックスと一緒にやりませんか?」と営業していました。メンバーだけではとうてい手が足りません。専任のアルバイトスタッフも採用し、**毎日コツコツと営業を続けて、数十人、数百人、数千人と輪を広げていったのです。**

メディア様との連携が大きく加速したのは、ある方に出会ったタイミングです。

当時、メディア様を対象に、ＳＥＯやリスティング広告のノウハウを教える塾がいくつか存在していました。豊富な実績のあるメディア様が、ノウハウを提供する塾を運営していたのです。

私たちは当時いくつかあった塾の塾長と親しくなり、「レベルの高いメディア様をレントラックスに紹介していただけませんか？」とお願いしたことから、一気にメディア様開拓のペースが上がりました。

また、アフィリエイターが登録したくなるよう、レントラックスの手数料を削る作戦も効果的でした。競合がアフィリエイターに１０００円支払っているなら、レントラックスは自社のマージンを削ってでも１０５０円を支払うのです。

すると「他のＡＳＰはやめて、より条件のよいレントラックスと契約しよう」というアフィリエイターが増えました。アフィリエイター塾の中でも「レントラックスは条件がよい」という口コミが広がり、「レントラックスはクローズドＡＳＰで、登録のための審査は厳しいけれど、いったん加入できれば効率的に稼げる」というブランディングが実現したのです。

これにより、私たちがプッシュ型で営業していくというより、「どうすればレントラックスに登録できますか?」というプル型のご連絡をいただけるようになり、アフィリエイター開拓がずいぶんスムーズになりました。

それでも、特別実績の多いアフィリエイターにはプッシュ型の営業が必要でした。Facebook経由で連絡し、アポをいただいて直接口説くなどして、一人、また一人と獲得していったのです。このような地道な活動を経て、レントラックスの輪が広がっていきました。

既存事業(2)検索連動型の広告代行事業

二つ目の事業は、検索連動型の広告代行事業です。簡単にいうと、**GoogleやYahoo!にリスティング広告を出稿したい広告主と契約し、運用予算をいただいて、出稿を代行します。**

リスティング広告とは、ユーザーが検索したキーワードに連動して、検索結果に表示される広告のことです。新しいパソコンがほしいと思って検索したら、検索結果にパソコンメーカーの広告が並ぶようになった……そんな経験をしたことがある人は多いでしょう。
主な大手代理店様では、株式会社サイバーエージェント様、株式会社セプテーニ様、株式会社アイレップ様などがあります。

この事業のお金の流れを説明しましょう。
広告主と契約を結んだら、出稿予算を決めます。相場は月間１００万円から５００万円。この予算を有効活用して、広告主の代わりに広告運用を代行します。
広告運用を代行したレントラックスは、広告主からフィーをいただきます。フィーの相場は20％程度で、１００万円分の広告を出稿したら、１２０万円の請求を立てます。１００万円が実費、20万円がレントラックスのフィーというわけです。

主な広告主は、社内に専門の広告運用部隊を抱えていない企業です。中小企業から大企業まで、さまざまな広告主から発注をいただきます。

これまではGoogleとYahoo!がメインでしたが、昨今はTikTokやＬＩＮＥ、Facebook、

YouTubeといったプラットフォームにおいても、広告出稿のお手伝いをしています。

既存事業(3)建設機械のマーケットプレイス

三つ目の事業は、建設機械のマーケットプレイスです。

おそらく多くの方にとっては馴染みのない事業でしょう。そのほかのマーケティング事業とは毛色が異なるため、驚かれる方もいるかもしれませんが、上場後間もなく準備に着手していた事業です。

この事業を一言で表現すると「建設機械を売買できる多言語対応の無料のプラットフォーム」。「建設機械を販売したい事業者」が売りたい建設機械を出品すると、世界中で閲覧され、「建設機械を買いたい事業者」が購入意思を示します。

「無料のプラットフォームなら、レントラックスはどこで利益を出すの？」と思われるかもしれません。

この事業において、レントラックスは手数料で収益を上げています。

建設機械を所有する建設会社には、貿易実務のできる人材が不在であることがほとんど。そこでレントラックスの出番です。出品された建設機械に買い手がつくと、レントラックスが運搬して現地に届け、その手数料をいただくのです。中古車情報サイト「カーセンサー」や「グーネット」の建設機械・グローバル版だと思っていただくと、イメージしやすいかもしれません。

競合他社はほとんど存在せず、あったとしても未上場です。現時点では、おそらくレントラックスが業界トップクラスでしょう。立ち上げから数年は赤字が続き苦労が絶えませんでしたが、これからどんどん伸びていく分野だと見て、ＩＰＯを視野に入れて海外展開を推進しています。

伸びていく分野だから、海外に展開する。海外に展開すれば、ターゲットが広がり、さらに伸びていく――。こうした好循環を回せているのが、この事業です。

海外展開と育成中の新規事業

レントラックスは現在、新規事業にも注力しています。新しいビジネスのアイデアを出し、有望なものを実現させ、育てていくフェーズにあるのです。

そのうちの一つが、美容家電の製造・販売です。美顔器や洗顔ブラシなども販売してきましたが、今のところ一番売れているのは家庭用脱毛器です。大手家電量販店でも販売しましたが、基本的にはDtoCモデルで、レントラックスから消費者に直接販売しています。

ASPをより盛り上げるための新規事業も進行しています。Instagramのインフルエンサーと提携して、ASPで受注した広告主の商品を販売する場所を作りました。

インドネシアではVTuber事業を展開しており、国内で二番手の規模に成長しています。「ユニットを組んで広告企業の宣伝をしたり、モノを売ったりしよう」という構想の元に始まり、キャラクターを募集すると、なんと1000人近くから応募がありました。現在は日本でも展開し、今後はよりリーチ数の多い欧米などにも展開していく予定です。

海外展開にも言及しておきましょう。

レントラックスのビジョンは、日本のマーケティング会社から東南アジアのマーケティング会社になること。そして東南アジアのマーケティング会社から世界のマーケティング会社になることです。

このビジョンは、上場して1〜2年頃、社長交代する前後のタイミングで、金子との話で定まったものです。社内では「取扱高1000億円」という目標数字を掲げていますが、この数字を達成する過程で、「東南アジアのマーケティング会社になる」という目標も達成していきたいと考えています。

海外展開は上場前から積極的に検討していました。

というのも、長期目線で見ると人口が減っていく日本のマーケットはシュリンクすると思っているからです。今はデジタルマーケティングのシェアが伸びていますが、将来は海外に目を向けないと、今後も増収増益し続けるのは難しい。そんな考えのもと、海外展開のチャンスを逃さないようにしてきました。

現在は、コロナ禍以前に種まきをした海外事業に、芽が出始めているところです。たとえばアフィリエイトなら、ベトナム、台湾、香港においては、少しずつ売り上げが立ちつつあり、先述の通り、インドネシアではVTuber事業が伸びてきました。

また、タイや中国など、海外企業のM&Aにも挑戦しています。現地での売上が立つのはもちろん、ノウハウが集められることも大きなメリットだと感じています。

今後は、既存のビジネスモデルを軸にしつつ新規事業を積み上げていき、日本以外の国にも横展開していく予定です。

入社後に直面した「競合との競争激化の壁」

業界の営業スタイルが一変

いよいよ、レントラックス入社後のストーリーに入っていきましょう。

私がレントラックスに入社し、事業を拡大しようとしたタイミングで、ある壁に直面しました。**それは「競合との競争激化の壁」です。**

なぜこのタイミングで競合との競争が激化したのか。

それは、競合他社の中でも新興ASP事業者が増えて、レントラックス同様にどんどん開拓を進めていく事業者が増えたことと、大手ASP事業者も外に出て積極的な営業活動を始めてきたからです。

自動車業界からWeb広告業界に転職して驚いたのは、業界全体として、あまりプッシュ型の営業活動をしておらず、プル型、つまり反響営業が中心だということでした。お問い合わせがあったとしても、メールや電話、オンラインツールでやり取りが完結しており、訪問営業が一般的ではなかったのです。

私がそれまで身を置いていた自動車業界は、もちろんメールや電話も取り入れてはいたものの、客先を訪問しての対面営業が中心でした。その経験から、私自身、お客様と顔を合わせて話す営業スタイルに強みがありました。

ですから、この業界に入って早々に「訪問営業をすれば、競合他社に勝てる」という確信

が湧いてきたのです。 競合他社はお客様との強固な関係が築けていない。会って話すことさえできれば、うちとの契約に切り替えてもらえるはずだ——と。

いざ会いに行ってみると、やはり、多くのお客様が「いま契約している会社の営業担当とは一度も会ったことがない」といいます。そんなお客様に対して、対面での商談を続けていくうちに、「次始めるジャンルは、レントラックスでやろう」という感じに徐々にレントラックスとの契約に切り替えてもらえるようになりました。

競合他社の営業が手薄だった分、私たちが会いに行けば行くほど契約が決まり、それに応じて会社の業績が伸びていく。上場できたのは「ASP業界に訪問営業の文化が少なかったから」といっても過言ではないでしょう。

お客様たちがすぐに競合他社からレントラックスへと契約を切り替えてくれたのは、**「意思決定がその場でできる」**という点が大きかったようです。

たとえば、お客様がいま、1件1000円で受注していた案件があったとしましょう。そのお話を聞いた時点で、私たちはその場で「レントラックスなら1050円出します」といえるのです。それは、金子と私という意思決定者がその場にそろっているからです。

当時社長だった金子も全国各地に飛び回り、お客様に会いに行っていましたが、決裁者ということもあり、決断が早く、お客様も安心して取引してくれたのではないかと思います。

一方、競合他社は、お客様から「レントラックスさんは1件1050円出してくれています。御社がそれ以上の金額を出してくれるなら、検討させていただきますよ」といわれても、「上司に確認します」という感じになってしまいます。そこでレントラックスが「他社はまだ意思決定されないんですか。時間がもったいないですから、当社と契約して、どんどん案件を前に進めましょう」と提案する。これがレントラックスの攻め方でした。

このやり方だと、レントラックスがいただける手数料は減ります。でも、その分たくさんの案件をいただけるなら、何の心配もありません。このような考え方のもと、**どんどん訪問営業をして相手先との関係を構築し、時には同業他社から乗り換えていただくかたちで、多くの契約を結ぶことができました。**

訪問営業にこだわったことに加えて、社長と事業責任者が自ら商談に出向いていたのも、勝因の一つでしょう。

当時、営業担当は金子と私、そしてあと数人しかいませんでした。人数が少ない状態ですから、金子も当然のように現場に出ていたのです。

そのような営業活動を続けるうちに、「レントラックスっていう会社は、どんなに小さな取引でも、社長（金子）と営業部長（私）が提案に来るぞ」という口コミが広がっていき、だんだんお客様から認知していただけるようになりました。

ただそうなると、同業他社も黙っていられません。「このままではクライアントが取られてしまう」と考えたのでしょう。レントラックスが訪問営業を始めて1、2年もすると、同業他社も同様に、訪問営業中心の営業スタイルへと切り替えていきました。**レントラックスが頭角を現したことにより、空気が変わったのです。**

その結果として、レントラックスの売上は、いままでと同じペースでは積み上がっていかなくなってしまいました。同じように提案している企業がほかにもいるのですから、当然のことです。

しかも当時、私の訪問に同行してくれていたのは、新卒1年目や2年目のメンバーが中心でした。「レントラックスにクライアントを取られてしまう」と焦った競合他社が営業部長、事業部長、そして一般社員の3人体制で訪問すれば、そちらに心が傾いてしまうものでしょう。そのあたりの事情もあり、契約の決定率はおのずと下がっていきました。

また、業界全体に勢いがあったこともあり、新規参入も増加の一途をたどっていました。

ただそんな状況においても、レントラックスはあきらめませんでした。私と金子が先頭を切って新規営業に注力し、時には Facebook の Messenger などを使って営業することもありました。「なんとかして売り上げを作らなければならない」と必死だったのです。

そうして新規案件を作り続けていたので、業界自体が伸びていたこともありますが、競合他社がどんどん数字を上げている中でも、会社としてはうまく回っていたといえるのではないかと思います。

人手が足りなくても「やるしかない」

通常の1・5～2倍の仕事量をこなしていたメンバーたち

驚かれるでしょうが、レントラックスは社員たった38人で上場した会社です。そのような規模で上場を目指していましたから、常に人手不足でした。

私が入社した当時、社員数は10人程度。営業チームは私と金子を含めて5人程度で、研修さえまだ終えていない、営業配属予定の新卒が2人。残りの4人はバックオフィスで、システムが2人、事務が2人という内訳でしたが、時には管理本部長も、請求業務やお客様対応のために営業現場に出ていました。

金子は経営と営業を、私は営業と人事を兼務していたことになります。
なぜ金子も私も、経営と人事に専念せず、営業現場に出ていたのか。
それは、**会社にとって売上とは、何より重要なものだからです。**売上はいわば、空気であり水のようなもの。売上がなければ、会社として生き残ることはできません。ですから、どんなに忙しくても、私たちが営業現場に出て売上を作らなければならないという使命感がありました。

また、メンバーに背中を見せるという意味合いもありました。金子と私が率先して営業現場に出ていって数字をとっていく姿を見せたほうが、メンバーたちも勢いよく進んでいけると思ったのです。

どんどん業績を上げていったこのフェーズでは、ベンチャー企業らしく、とにかく結果を出すことにコミットしました。上場を実現するには、3年3期連続で増収増益し、しかるべき人員と組織をつくりあげ、業務フローを整えて、書類を揃えなければなりません。一般的な企業であれば、それぞれの担当がおり、業績を上げるための営業部隊も揃っていて、採用は専属の人事が担当し、管理本部の人員も揃えたうえでやっと準備を始めるのでしょう。

ですが私たちには、そのような体制はありませんでした。最初はたった10人、やがて38人に増えましたが、それでも本当に限られた人数です。上場を目指して利益を出さなければならないタイミングでしたから、**人材への投資は最小限に絞っていたのです。**腹をくくって「やるしかない」という状態でした。

いま思い返せば、当時は本当にハードワークでした。自宅が遠かったシステム本部長は、1週間のうち半分ほど、会社近くのホテルに泊まっていたのを覚えています。

本当に最低限の人員で「大丈夫ですか？」とお互いに心配し合い、助け合いながら、怒涛の日々を乗り越えていきました。**一人あたり、一般的な会社の1・5倍から2倍程度の仕事をこなしていたと思います。**

私は営業兼人事でしたので、当時の名刺の肩書はどちらでも使える事業統括。就活生を対象にした会社説明会を開催し、学生たちの前でレントラックスをPRした後は、営業アポイント2件。帰社して就活生の面接をこなし、夜はクライアントとの会食に行って、翌朝は採用面接の準備をして、お客様対応も……というスケジュールが毎日毎日くり返されました。その日の仕事を終えた頃には電車がなくなっていることもありますから、タクシーで帰宅することもしばしばです。

あまりにもスケジュールが詰まっているので、せっかく入社してくれた新卒メンバーもなかば〝野放し〟状態。商談が続くと半日顔を合わせられず、やっと会えたと思ったら「ごめん！　いまからミーティングがあるから、それが終わるまでもう少し待っていてね」ということもしょっちゅうでした。待たされた新卒はたまったもんじゃないですが……愛嬌で許してもらいました（笑）。

ただそれでも、「どんどん売上が積み上がっている」という実感と、それに伴う楽しさがあったことをはっきり覚えています。不思議なことに、業績が上がっているとき、人は一種のトランス状態になるようです。やればやるほど成果が出ますから、**疲れているはずなのに「もっと仕事をしたい」とさえ思っていました。**

レントラックスで挑戦した人事の仕事

未経験ながら人事を担当した理由

採用はデッドラインが明確に決まっている仕事です。会社説明会、書類選考、面接、入社手続き……どれも期限通りに完了させないと、就活生はあっという間に他社に取られてしまうでしょう。この特性上、いくら忙しくても、期限通りに対応しなければなりません。そこには多少なりともストレスが伴いましたが、人事の仕事ができるのは自分だけ。責任感を持って取り組んでいました。

「ずっと営業の第一線で活躍してきたはずなのに、なぜ人事も兼任するようになったの？」と思われる人もいるでしょう。

実はもともと、人材ビジネスの仕事に関心がありました。

カービューでは、コールセンターを立ち上げ、採用プロセスやリーダー教育、評価制度作りに取り組みました。そのご縁でお声がけいただき、セミナー講師として登壇したこともあります。また、カービュー退職後、レントラックスにジョインする前にも、営業研修やリーダー研修の外部講師として活動し、それなりの手ごたえを得ていました。

そのような経験があったことから、レントラックスで**「人事の仕事は誰がやる？」という話になったときに、「私に任せてください」と立候補したのです。**

結果として、採用プロセスや評価制度など、全般を任せていただきました。これらの制度は、何度かマイナーチェンジしたものの、いまもレントラックスグループ全体で使い続けているものもあります。また、レントラックスでは新卒採用から初期の教育を行い、業績に貢献することもできました。

中途採用をやめ、新卒採用に舵を切る

人事として、上場までのミッションとなったのは、新卒社員を採用し、育成して、組織をつくっていくことでした。

なぜ中途ではなく新卒なのか。理由はシンプルに、10名程度の西葛西のベンチャー企業では、リファラル以外ではよい中途が採用できなかったことと、新卒を採用し、5年、10年経った頃にイズムに沿ったよい組織ができると確信していたからです。

最初は中途採用をしようとしたのですが、なかなかうまくいきません。条件を緩めれば採用できるのでしょうが、妥協する気にはなりませんでした。即戦力レベルの人材でなければ、かえって教育の手間がかかるだけだからです。

そこで、思い切って中途採用はきっぱりやめることにしました。同じように教育の手間をかけるなら、フレッシュで将来有望な新卒のほうがいいと思ったのです。

とはいえ、最初の1年に採用できたのはたった1人。その翌年には大きく好転し、14人採用できました。既存メンバーが13人だったので、新卒が入社して、社員数がいきなり倍増したわけです。

「いきなり既存メンバーと同じ人数の新卒を採用するなんて、賭けだな」と思われるでしょう。もちろん当時もその認識がなかったわけではありません。

それでも会社として「ここからレントラックスに新卒の文化をつくっていこう」と決めたのです。新卒採用を始めて10年も経てば、新卒入社したメンバーたちが成長して部長や役員になるでしょう。早くその状態を実現したかったので、早いうちによい人材を採り、丁寧に教育していくことにしました。私の思い描いた通り、レントラックスには新卒の文化が築かれ、それはいまも変わっていません。

ただ実は、新卒3期頃、つまり10年ほど前まで、新卒入社したメンバーの離職率はそれなりに高くなっていました。新卒入社した人のうち3分の1が1年目で退職して、2年目で半減する。このくり返しでした。当時はスーパーハードワークで、22時半頃に仕事を終えて飲みに行くのが当たり前でしたから、驚いて退職してしまう人もいたのではないかと思います。

現在でも、採用するメンバーの9割は新卒です。今では**レントラックスにマッチする人材像がクリアになってきたこともあり、22年卒、23年卒の退職は、かなり低い水準で推移しています。**

なぜ地方の学生ばかりなのか

新卒採用を進める中で特に注目したのは地方の学生です。

その理由は、地方からやってくる新卒たちは一人暮らしをするから。

就職のために上京するとなると、当然ながら、住むのは本社のある西葛西エリアになるでしょう。代々の新卒たちが西葛西エリアに住むと、その一帯に〝レントラックス村〟のようなものができます。はじめての仕事、はじめての上京で心細い新卒たちにとって、近所に同期や年齢の近い先輩たちが住んでいるのは、大きな安心材料となるでしょう。近所に仲のよい同僚が住んでいれば、仕事・プライベート問わず、気軽に悩みを打ち明けられるはずです。また、健康面のメリットもあります。残業が長引いて夜遅くなっても、徒歩で帰宅できれば、翌朝に響きづらいと考えました。

現在、オフィスから徒歩圏内に住んでいる人には毎月2万円の家賃補助を出しており、約50人のメンバーたちがこのエリアに住まいを構えています。

ご存じの方もいるかもしれませんが、「オフィス近くに住んだら家賃補助を出す」ルールは、レントラックスのオリジナルではありません。当時、サイバーエージェント様にも似たルールがあり、真似させていただきました（笑）。

「2万円も家賃補助を出していたら、積もり積もってけっこうな出費になるのでは？」と思われるかもしれませんが、それは誤解です。徒歩圏内に住んでもらうと、通勤交通費が浮くため、その分を家賃補助に回すことができるのです。

西葛西にオフィスを置くメリット

サイバーエージェント様にミクシィ様、メルカリ様、グリー様など……一般的にIT企業の本社オフィスといえば、渋谷や六本木のイメージがあるのではないでしょうか。オフィスを西葛西に構えたのは金子のアイデアです。

西葛西にオフィスを置くメリットは、何よりオフィスの家賃がとても安いこと。坪単価が1万円程度ですから、渋谷の3分の1以下の金額で快適なオフィスを借りることができます。**家賃にかかるコストを削っているからこそ、福利厚生を充実させたり、サービスを低価格で提供したりすることができるのです。**

また、生活費が安いこともメリットです。マンションやアパートの家賃は、安い物件では6万円、オートロックつきの少しよい物件を選んでも8万5000円程度です。食事代も安く抑えられます。渋谷や六本木の周辺に住むと、飲食店での食事代はもちろん、スーパーで購入する食材も高価でしょう。

一方、西葛西エリアには、有名飲食店チェーンが一通りそろっているのはもちろん、手ごろな価格で食べられる個人の飲食店が多く、外食してもさほど負担はかかりません。住んでいる人が多いからか、お得なスーパーもたくさんあります。

交通の便がよいことも大きなメリットです。

レントラックスには海外の拠点も多いため、空港へのアクセスは非常に重要です。その点、西葛西なら、羽田空港へはわずか30分、成田空港までも1時間以内でアクセスできます。高速葛西の入り口まで5分程度、東西線で日本橋までは15分。意外と都心に近く、便がよいエリアなのです。

これほど住みやすいエリアですから、メンバーから「オフィス移転はしないでください」という人もいるくらいです。

社員38人での東証マザーズ上場

上場に向けてメンバーをそろえる

上場するにあたっては、しっかりとしたチーム体制が不可欠です。ここからは、人事として、どのようにして上場メンバーをそろえていったのかをお話しします。

まずは営業チームです。

新卒採用した人材を中心に、前職のカービューを退職したメンバーからも1人迎え入れて構成しましたが、一つの大きな課題がありました。それは、いつまで経っても営業部長である私がすべてのお客様の担当にならなければならないということです。
新卒で入社したメンバーを丁寧に育て、3年目を迎える頃にはマネジャーポジションに昇格させるとはいえ、20代半ばでその役割を完璧にこなすのは至難の業。結局、私は営業の責任者として、常に現場に出続けていました。

バックオフィスにも課題がありました。あまりに人手が足りず、あるメンバーが3部署分の仕事を担当していたのです。上場申請書類は通常、3～4人で作成にあたるものですが、これを1人で担当しつつ、管理本部の通常業務もこなしていました。

上場を見据えると、営業とバックオフィス以外にも必須の役職があります。営業は新卒社員が中心でしたが、社外取締役や法務、経理、システムなどに関しては、即戦力人材が必要です。入社2年目から3年目にかけて、都度中途採用をしたり、声をかけたりして、メンバーをそろえていきました。

ようやく人手不足の管理部門にも人が増え、続いては、当時主幹事だった証券会社の担当者を営業として口説きました。証券会社らしく堅い雰囲気の人でしたが、「あなた、実はもっと面白くて、明るくて、元気いっぱいなキャラクターでしょ？　大手企業よりもベンチャー企業でバリバリ仕事したいタイプなんじゃない？　一緒にやろうよ」という金子の口説きにより、入社が叶いました。

営業事務の要になる人材としては、カービューから転職したメンバーをスカウトし入社してもらいました。

社外取締役に就任してくれたのは、金子の古くからの知り合いでSEOに詳しい人、監査役の友人で投資やM&Aなどにも詳しい知見を持つ人、ベンチャー界隈でも顔の広い弁護士事務所に所属している弁護士さんの3人です。

監査役も、上場にはもう一名必要でしたので、前職であるカービューの社長にお願いしました。ちょうどご退任するタイミングだったこともあり、もう一社監査を受ける予定があったところ、無理にお願いして、チームに加わっていただきました。

このように、これまでのご縁を駆使して上場に必要な体制を固め、上場直前期を迎えることができました。

上場のための数字を作ることの難しさ

上場に向けて動く中で、証券会社からはたびたび厳しい指摘が入りました。業績は着実に伸びており、私たちからすると「準備は整った」という認識でしたが、証券会社からすると「まだまだ」だったようです。

たとえば月次の業績。計画を上回る達成でしたが、主幹事証券によると、体制以外にも整えなければならないところがたくさんあるという感じで、なかなかＧＯをいただけません。

予実管理においても同様です。Ｗｅｂ広告は、Googleのアルゴリズムがひっきりなしに変わりますし、先月１００万円稼いでいたサイトの売り上げが翌月にはゼロになるということもごく普通に起こります。そうした変化を見越して、超過達成を目指して動くのが、Ｗｅｂ広告営業のあり方です。

予算未達成は絶対にダメ。かといって、大幅な超過達成もいけない――。これは私たちにとって大きな難題でした。

頭を悩ませ続けていたこの問題ですが、主幹事証券をA証券からB証券に変えたところ、あっという間に解決し、上場することができました。B証券の担当は「今の状態であればすぐに上場できますよ」といいます。主幹事証券が変わるだけでこんなに違うのかと、正直驚きました。

もちろん「A証券が悪い」というつもりはありません。これは憶測にすぎませんが、インターネット広告という新しいビジネスですから、リスクを気にされたのでしょう。いざ上場してうまくいかなかったとなると、その担当者の失敗になってしまいます。そうした懸念のもと、細かいところまで指摘されていたのかもしれません。

証券会社によって基準が違うものだと知った、貴重な経験でした。

上場後の3年間で目指した四つのこと

上場後の3年間では、次の四つのことを目指しました。

売上を倍増させ、100億円を達成すること。
当時三つだった海外の拠点を、さらに増やしていくこと。
新規の事業をどんどんつくること。
大きなビジネス展開に備えて投資を広げ、キャッシュを純投資で増やしていくこと。

そして先述の通り、この頃から「日本のマーケティング会社」から「東南アジアのマーケティング会社」になる、そして「東南アジアのマーケティング会社」になった後は「世界のマーケティング会社」になる。これをビジョンとして掲げ始めました。

このビジョンを実現するには、既存事業だけではなく、新規事業をどんどん立ち上げて、子会社であっても積極的に上場を目指していく必要があります。実際、いまレントラックスグループ連結の子会社は、このタイミングで設立されました。

上場は、タイミングと運が9割

上場できるかどうかはタイミングと運で決まる――。これが私の経験から得た持論です。

「いける！」と思った瞬間、全身全霊で頑張れば、きっと上場は叶います。

こうまとめてしまうと簡単そうに聞こえるかもしれませんが、これが意外と難しいもの。タイミングを見定めることも、常に全力で走り続けつつ、勝機が見えた瞬間に一気にいくという馬力を持つことも、決して容易ではありません。

私の場合、明確に「いける！」と感じたタイミングがありました。肌感覚としかいいようがありませんが、上場直前期に「これはいける！」という手ごたえを持ったのです。私以上に金子はもっと現実的に思ったはずです。

上場を実現するには、増収増益の階段をつくっていかなければなりません。

ですが先述のとおり、SEOのアフィリエイトは変動の激しい世界です。100万円の売り上げを持っていたサイトが、翌月売上ゼロになってしまうことも決して珍しくありません。

ですから変動を見越して、プラスマイナスプラスになるような計画を立てていくのが私の仕事でした。金子から「一緒に上場しよう」といわれて入社したので、上場できないという事態だけは絶対に避けなければいけませんでしたから。

カリスマ社長のそばで学んだこと

正反対の二人

「金子と一緒に、上場を達成させたい」という思いでレントラックスに入社した私ですが、**金子と私のキャラクターは正反対です。**

具体的にいうと、金子は普段穏やかですが、本質を見抜く力とカリスマ性があり、私はどちらかというと先頭切って激しく突き進む将軍タイプ。金子はまわりの人を気持ちよく動かしながら、抜群の成果を出せる。私は熱くて、体力勝負でとにかく量をこなし、後から質と効率を上げて目標を達成する。

育ってきた環境もまったく違います。金子は新卒時代にシステムエンジニアの経験も持ち、全体を俯瞰的にみるのが得意で、0から1を作るのもとても上手です。私はどちらかというと、バリバリの営業系で、旗を振って皆を引っ張るのが得意なタイプで、人間力で勝負してきました。

キャラクターも育ってきた環境も異なる私たちですが、一緒に働くうえで、違和感はまったくありませんでした。

その理由は、考えの根本となるレントラックスイズム（哲学）が完璧に一致していたからでしょう。要するに「人のために時間を使う」「お客様が喜ぶことを一生懸命やる」といった、いわば〝道徳心〟が一致していたのです。根本は一致していたけれど、そのアウトプットの形が少し違うから、全然違う二人のように見えていたのだと思います。

私が入社すると、自然と二人の役割分担ができていきました。

金子からレントラックスイズムを継承し、私がそれを見える化・言語化してメンバーに共有するとともに、細かい戦略に落とし込んで、メンバーたちがアクションに移せるようにする。それが私の役割だと認識し、日々行動していました。

営業に関しても、自分の役割ははっきり見えていました。

先述の通り、もともとは業界全体として、どんどん外に出て商談をするというスタイルではなかったようです。私が営業担当として加わり、金子を交えて「営業はどのように進めていこうか」という話し合いを始めてから、積極的にお客様に会いに行く方針に切り替えるとともに、営業のシナリオ設計をし、綿密な戦略を練っていきました。

いうなれば、金子はカリスマ性で惹きつけ、相手を喜ばせるとともに、戦略で成果を出す役割。**私は、金子が思い描いたものを、より具体的なアクションに落とし込み山﨑流のエッセンスを入れて皆を引っ張っていくタイプ。**このような分担により、レントラックスという会社を伸ばしていったのです。

まったく違う業種に飛び込むということ

余談になりますが、私がレントラックスに入社した理由について、少し補足しておきましょう。

これまでの経歴をお話しすると、たいてい「自動車業界からWeb広告業界に転職するのは珍しいですね。業界が全然違いますが、転職にあたって迷いはなかったのですか？」と聞かれます。

私の答えは「ありません」です。**なぜなら、突き詰めると、仕事はすべて同じだと思っているからです。**

もちろん実務は違いますが、「**目標を設定し、その目標を達成する方法をいろんな人に相談したり自分で考えたりしながら見つけ、実行し、達成して報酬をもらう**」というシンプルな構造は、どの業種・業界にも共通です。

ですから、まったく異業種への転職ではありましたが、「たまたま扱うサービスや商材が違うだけ」という認識でした。ガリバーでも、中古車買取の仕事と思って入社したら、多くの期間が法人営業になり、カービューでは、査定サービスの営業に配属された後、輸出事業をはじめとするさまざまなサービスに関わってきましたし、そこに違和感はありませんでした。**むしろ、新しい知識を覚え、新しい経験ができることを楽しんでいました。**

レントラックスの広告代理業についても、入社前に基本的な構造を学び、「ビジネスモデルがシンプルでいいな」「また新しい知識が増えそうだ」と思っていたくらいです。

一点だけ、自動車業界とWeb広告業界の違いがあるとすれば、Web広告業のほうが断然、変化のスピードが速いということ。激しい変化の中でも勝ち続けるためには、**とにかく外に出て、情報を持っている方に会い続けることが大事だと考えています。**

お客様をとことん喜ばせる

金子の話に戻しましょう。

金子は「人が考えつかないようなことを平気でやってのける人」です。

たとえば、地方のお客様の元へ出張に出かけるとき。金子は新幹線に乗る前に、東京駅に隣接したデパートに行き、手土産をどっさり買い込むのです。その量はお客様も驚くほど。一社につき3袋ほども購入していたので、一度の出張で何社ものお客様を訪問するときは、両手がデパートの紙袋でいっぱいになっていました。いくらお客様のためとはいえ、大量に手土産を持っていくなんて、ほとんどの人は思いつかないのではないでしょうか。

金子はとにかくサプライズが大好きで、お客様の誕生日や創立記念日などには、豪勢に祝っていました。Facebook上で誕生日だと知った人に対し、会食の際にサプライズでケーキを注文しておき、その場でお祝いするなど、事例を出せばキリがありません。

もちろん私も営業パーソンとして、お客様を喜ばせたい思いは強くあります。ただそれでも、金子の姿を見ると、「ここまでやるのか」と驚かされるばかりでした。しかも金子の場合、お客様のための行動がどんどん進化していたのです。

金子のこの性質は、レントラックスイズムとして確かに継承されています。

上場成功の一因は「即断即決」

レントラックスが上場できた要因の一つとして、「即断即決」の性質があったことは確実でしょう。

会社が上場するにあたっては、とにかくありとあらゆる物事を決めていかなければなりません。多種多様な物事について素早い意思決定が求められるのですが、役員陣は常に即断即決でした。金子を含めた経営陣が、どんなときでも即断即決したからこそ、上場準備が滞りなく進んだのだと考えています。

上場のみならず、営業や採用においても同様です。

「A案とB案があります。私はA案だと考えますが、よろしいでしょうか?」と確認すると、OKかNGかの返答が即座に返ってきました。だからこそ、お客様や採用候補者を待たせることなく、すぐに話が進んだのです。競合他社は意思決定に時間がかかることが多かったため、レントラックスの風通しのよさは大きな強みでした。**数々のお客様と取り引きすることができたのも、優秀な人材を採用できたのも、金子中心の即断即決によるものが大きいと考えています。**

金子が常に即断即決できたのは、普段から情報収集を怠らなかったからでしょう。常に自分磨きを怠らない金子を尊敬していましたし、「今はパワープレーだけれど、この人についていけばレントラックスは本当に上場できるだろう」という確信が持てました。

「やり過ぎで、そろそろ身体もヤバいかも」と思うことがあっても上場までの道のりを走り抜けられたのは、「このままもう少し頑張れば、本当に上場できる」と確信していたからです。売り上げが足りなくても、必要な人員を採用できなくても、もう少し頑張れば、上場が叶う。そう信じることができました。

おそらく他のメンバーも同じように確信していたでしょう。**たとえ予定通りのタイミングで上場できなかったとしても、近いうちに必ずできる。**そう捉えていたと思います。

これは相当稀有なことではないでしょうか。誰一人、自社の上場が叶うことを疑わず、つらい日々にあっても「転職しよう」なんて考えもしないのですから（一心不乱になっていたので、他のことを考える暇もないという表現が正しいのかもしれませんが……）。

また、当時は金子のワンマン経営でしたが、その経営スタイルにまったく不満が出なかったのも珍しいことだと思います。

一般的に、メンバーにとって、社長のワンマン経営は歓迎すべきものではないでしょう。こちらの考えを聞いてもらえず、決定事項を押しつけられるというのは、相当苦しいことのはずです。

ただレントラックスの場合、全員が「恐らく金子のいうことのほうが正しい」とピュアに信じていたので、そこに苦しみはありませんでした。金子の意見を押しつけられたとしても、それに対する正当な反論がまったく思いつかず、ぐうの音も出ない。金子がいうことなら正しいと信じられる――。そんな感じだったのだと思います。

私自身も、金子と対立したことは一度もありません。

金子は仕事の要求レベルが高い分、非常に厳しく指導されましたが、私がそれに対して反論するような局面がなかったのです。**何をいわれても「そうだな、自分のここが悪かったな」と素直に自責で反省することができました。**金子のビジネスパーソンとしてのレベルの高さに加え、私の金子に対する絶大な信頼があったからでしょう。

第3章

イズムを育て、重ね、浸透させる

突然の「社長を交代しないか」

平社員から社長へ

金子から「山﨑に社長を交代したいと思っている」といわれたのは、2018年の年明けのことでした。上場が2015年の4月でしたから、上場からわずか2年半ほどのタイミングです。

「そろそろ自分が社長になるんだと思っていましたか？」とよく聞かれますが、とんでもない。青天の霹靂とはこのことでした。

そもそも私は当時、役員でさえありませんでした。さまざまな役割を兼務していたので、名刺には「事業統括」と書いてあるだけ。いわば平社員です。**平社員から社長になるなんて、まったく予想していませんでした。**

ドッキリか何かだろうか。そう思ったことを、まるで昨日のことのように思い出します。

金子は当時、44歳。念願の上場を果たしたばかりですし、一般的にいえば、社長として、そしてビジネスパーソンとして脂が乗りに乗っていて、会社をどんどん大きくしていこうとするタイミングではないでしょうか。誰ひとり「社長退任を考えている」なんて思ってもいなかったはずです。

その日、金子から会議室に呼び出されました。そんなふうに呼び出されたり逆に私が呼び出したりして、戦略や組織について議論することは日常的にありましたから、ここでピンとくるはずもありません。

いつものように会議室の席についた途端、「社長を交代しないか」といわれたものですから、「……え？」となるのは当然でしょう。

社長交代というと、かなり大きな経営判断です。それがこんなにもさらっと出るなんて、驚かない人はいないでしょう。しかも次期社長に指名されたのはほかでもない自分なのですから（当時は、上場後に初めて業績の下方修正を出したタイミングでもありまして、金子はその責任を取るという形でも説明がありましたが）。

金子は、ぽかんとしている私に「山﨑が社長になるべき理由」を話してくれました。「社長の名刺で営業したほうが、規模の大きな企業も受け入れてくれやすくなる。**営業も採用も人事もメンバーの育成もやってきたんだから、社長になってもおかしくないでしょ。できるっしょ……」**そんないい方だったと、薄っすら記憶しています。

私は思わず「金子さんはどうするんですか？」と尋ねました。すると金子は「大丈夫、会長職で残るから」といいます。そこで少しほっとして、「会長はいいですね（笑）」と冗談をいう余裕も出てきました。

とはいえ、突然社長に指名された衝撃は和らぎません。「メンバーたちに何と説明したらいいんだろう?」「そもそも私じゃないほうがいいのかも」とも思いました。これまで経営の仕事はほとんど経験がなく、社長になるまでの助走期間とでもいうべき仕事もそもそもやっていなかったからです。役職も平社員から代表取締役にはできないので、半ば強引に4月から副社長執行役という役職を3か月間だけ担いました。

そのときのミーティングは次の予定もお互いにあり、時間がなかったので、話し合いは簡単に終わりました。そのミーティング後も通常の戦略やお客様の話になりましたが、金子と一緒に行っていた会食の後などに二人で話したりして、少しずつ話を詰めていきました。

話を詰めていったと書きましたが、**1月末に打診され、役員に共有をして社長就任が確定し、2月頭にはプレスリリースを出しましたから、ほぼ即決です。当時も予定が毎日ギッシリ詰まっていましたので、ゆっくり考えている時間もありませんでした。**

たしかに最初は、自分には足りないものが多すぎて十分に社長を務められないと思いましたし、「私で大丈夫ですかね?」ともいいました。ですが、金子が「当面は伴走していくから大丈夫」といってくれたので、私も安心してイエスといえたのです。

予定通り4月から副社長執行役になり、6月末の株主総会で社長に就任しました。その半年前の私は、自分が社長になるなんてまったく想像もしていませんでした。人生とは不思議なものです。

社長就任直後の私は、「自分を社長らしいレベルにまで高めなければ」と考えていました。営業や採用やセミナーのプレゼンには自信があったのですが、経営全般に関しては、ほとんど経験がありません。それでも社長に就任した以上は、今すぐに目線を上げて、経営全般の感覚を身につけなければならないはずです。

特に評価のつけ方や賞与の金額といった、センシティブかつ全社に関わる判断では、間違いは許されません。かなり気を使いながら、金子と感覚をすり合わせていきました。

具体的には、判断に迷う事柄があったとき、**「AとBという選択肢がありまして、私はA**

だと思いますが、金子さんはどう思いますか？」という聞き方をして、金子の意見を聞きます。このやり取りを何百回と繰り返し、金子から「私もAだと思います」という返事をもらえる回数が増えていくにつれ、自信をつけていきました。

社長を交代して7年目になりますが、私はまだまだ半人前。金子はいまでも私の壁打ちに付き合ってくれています。

カリスマ社長の後任としての重圧

金子が社長だったとき、レントラックスはいわばワンマン経営のようなものでした。

先述しましたが、一般的に「ワンマン経営」といってイメージするような、嫌な感じでありません。あまりにカリスマ性のある社長なので、誰もが「金子さんに従っておけば間違いない」と素直に従っていたというのが正しいでしょう。それだけ金子には絶対的な影響力があり、メンバーたちから信頼されていました。

だからこそ、後任である私の重圧は大きなものでした。

私はどちらかというとバランスタイプです。金子の経営スタイルを引き継ぎ、トップダウン寄りになるように心がけてはいましたが、それがうまくいったとはいえないでしょう。

私が二代目になることが発表されると、金子は、金子に判断を仰ぐメンバーたちに対して「山﨑に聞きなさい」といってくれました。「山﨑を信頼しているから大丈夫だよ」というサインだったのだと思います。とはいえ、メンバーたちも私も、その体制にすぐに馴染めるものではありません。お互いに歩み寄り、新体制に慣れていく必要がありました。

そこで私が心がけたのは、真摯に丁寧に自分の考えを示して、メンバーたちの信頼を勝ち取ること。一人ひとりと食事に行って話す機会を設けるなど、この段階ではコミュニケーションにたくさんの時間を使いました。

数字に対する重圧もありました。

経営者としてメンバーたちをまとめ上げると同時に、営業の最前線で数字を上げ続けなければならない――。日々、その責任をかみしめていました。

優先順位の一番上にあるのは、業績を上げること。

どんなに社風や福利厚生がよかったとしても、業績が下がっている会社には、人材は定着しません。ですから、メンバーたちのことを心から思うなら、業績は本当に大事です。**常にメンバーたちに「業績は上がっているし、これからも上がり続けるのだろう」と感じさせ、将来への不安を取り除いてあげたい**というのが、私にとっての最優先事項なのです。

承継時に意識したのは「方針を変えない」

大きな重圧を感じていた私とは裏腹に、メンバーたちは、突然の社長交代に戸惑いはなかったようです。**二代目社長といっても、外からプロ経営者を連れてきたのではなく、一緒にやってきた仲間の肩書が変わっただけ。**そう思ってくれたようでした。

実際、金子が社長を退いたからといって退職する人もおらず、その点ではスムーズに承継できたと思っています。

承継時に意識したのは、極端な違いを出さないように注意すること。「金子の想いを継ぎながら、レントラックスをもっと大きくしていきます」「レントラックスイズムを継承し、さらに広げていくのが私の仕事だと思っています」という明確な意思表示をしました。メンバーたちに「会社の方針が変わるんじゃないか」「福利厚生がなくなるのでは」「山﨑は厳しいから急に残業が増えたらどうしよう」などといった心配を抱かせずに済んだのが、大事なポイントだったのではないでしょうか。

金子の方針を変えずにいられたのは、金子に共感してジョインし、一緒に会社や事業をつくってきたからでしょう。金子と議論しながらレントラックスをつくってきましたから、今思い返せば、特に変えたいところ自体が思いつかなかったのです。

世の中の変遷とともに、経営陣や会社全体としても考え方や制度などの変化は必要ですが、変化させようと考えているポイントも近かったのかもしれません。

無理に方針を変えようとすると、拒否反応を抱いて離れていくメンバーが必ずいるはず。

絶対に社員ファーストを守り抜こう。そう考えて、注意深く引き継いでいきました。

もう一点、金子が伴走してくれたことも大きかったでしょう。会長職になったからといって、金子は経営から完全に離れたわけではありません。「レントラックスグループ」という同じチームに入って、一緒に走ってくれている空気感が、メンバーたちにも伝わっているのだと思います。

金子の存在が常に感じられたからこそ、誰もが安心して新体制を受け入れられたのだと考えています。

そして何よりも、私が社長になるタイミングで説明したときに、社外取締役の河島さん、五十部さん、森戸さん、常勤監査役の織茂さん、社外監査役の山本さん、大西さん、皆さんから「応援するから頑張れ」「全面的に支持する」とおっしゃっていただいたことが自信につながりました。暖かい方々に囲まれた私は幸せ者です。「これはやらんと」と火がつきました。

社長就任後に経験した二つの「壁」

社長就任後から現在に至るまでには、二つの大きな壁に直面しました。

一つ目の「壁」はコロナ禍に入ったばかりの頃。2019年から2020年にかけて、業績が落ち込みました。

私の強みは対面での営業スタイルです。日々3件4件の営業アポと、夜は毎日会食をしてお客様との距離を縮めていた私にとって、お客様に会えなくなったこの時期には、強みが発揮しきれず、悩むことになりました。

仕事の効率は上がったのかもしれませんが、何よりもリモートは楽で、人間的に弱くなっている世の中も不安を掻き立てました。

また、当社はイズムをベースに経営をしているため、会えない日が続くとなかなかその強みを生かすタイミングがありません。2020年の初夏の頃、マスクをすれば外に出ても大丈夫となってきたタイミングで、徐々に出社もお客様との会食も再開し始めました。コロナも怖いですが、メンバーと一緒に育ててきたイズムが徐々に薄れていき、縮めてきたお客様との距離も徐々に広がっていくような感覚もあり、その先に業績が下がるのは、もっと怖いなと感じたのを覚えています。

ただし、ここは攻めるべきポイントと、戦略をガラッと変えました。細かい部分は割愛しますが、このときは、コロナ禍だからこそ伸びる分野に集中し、ユーザーも家にいる時間が長くなり、YouTube や TikTok などの動画メディアが伸びることが容易に想像できたので、いち早くこの手の動画媒体に配信するメディア様と広告主様に焦点を当てて、複数のジャンルで大きく展開をして、業績を回復させました。

もう一つの「壁」は、2023年4月頃。6億円もの未回収の売掛金ができてしまい、回収できなくなってしまったことです。業績予想を出したばかりでもありましたので、その後、間もなく、大幅に下方修正せざるを得ませんでした。「とんでもないことだ！これはさすがに責任を取らないと」と腹をくくったタイミングもありました。

この「壁」は、普通なら社長を退任するレベルの危機でしょう。ですが、冷静に考えた結果、手前味噌ながら、「私が社長でいたほうが、お客様にとっても、事業にとっても、メンバーにとっても、株主様にとってもいい」という結論に至ったのです。腹を決めて、外部のイベント関連の登壇依頼などもすべて断り、営業と事業の立て直しに専念しました。

もしかすると、責任を取るという形で退任してしまったほうが楽だったかもしれません。でも、それは違うと考えました。**「自分の責任だから、責任を取るということはその分の収益を取り返すことだ。絶対にここで逃げてはいけない。**それが経営者のあるべき姿だ」と考えたのでした。

不安がなかったといえば嘘になります。さらに追い打ちをかけるように、夏に入るタイミング頃から、当社で一番の売上シェアを持つ金融分野の予算について、各社市況のあおりを受けて大幅に抑制が入りました。おおよそ半分以下になったと思います。これはひとたまりもありません。6億の損害と目の前の業績拡大にも制限がかかり、アクセルを踏めない状況が続きます。

それでも「最悪でも自分と家族の命が奪われることはない。だから大丈夫」という気持ちで挑みました。地道に新しいジャンルの開拓も進めて立て直しを行いました。その甲斐もあり、後半にかけて再度業績は上向きになり、ようやく挽回できる一歩手前まで来ました。

クライアントのロイヤリティーをキープする工夫

「山﨑さんなら大丈夫」と、お客様を安心させる

二代目に就任したとき、業績を上げてメンバーを安心させることに加えて、もう一つ気をつけていたことがあります。**それは、お客様を安心させ、良好な関係を維持することです。**

おそらくお客様の中には、「金子さんのことが好きだから」「金子さんがこれまでよくして

くれたから」といった理由で、レントラックスと取引をしてくれている人も多かったでしょう。

そんなお客様は、金子が社長から会長職になり、私に引き継ぐと聞いたら、どう思うか。**自分のせいでお客様が離れてしまうかもしれない……そのような恐怖感を抱きました。**

金子は会長職として残ってくれているとはいえ、この先は今までと同じように頻繁に顔を出すわけではありません。**「金子さんはレントラックスから離れてしまったんだな」と思わせたら最後、取引を打ち切られてしまう可能性があります。**

そこで私は、とにかくお客様に会いに行って、丁寧にコミュニケーションを取りました。時にはお酒を酌み交わしながら、「レントラックスを大きくしていきます」と、愚直に伝え続けました。この行動量とコミュニケーションと素直な会話により、お客様の不安を取り除くことができたのではないかと考えています。業績へのインパクトもなく、無事に引き継ぐことができました。

社長を引き継いで初めて気づいたのは、「金子とともにお客様のもとに通っていてよかった」ということ。社長に就任する前から、金子に同行して商談に出かける機会が多かったのです。新年会や忘年会もあり、年中、お客様と飲み食いさせていただいていました。

実際、社長に就任したときには、多くのお客様が「よかったね、おめでとう！　山﨑さんが社長ならレントラックスは安泰だね」と声をかけてくださり、自信につながりました。本当にいつもよくしてくださるお客様には頭が上がりません。

営業責任者として重要な交渉や話し合いのときには必ず同席していてよかったと心から感じます。いざ社長になるときに初対面で、そこから関係を築いていくのは大変だったでしょう。

少し話がずれますが、レントラックスがコロナ禍を乗り越えられたのも、訪問営業にこだわっていたからだと考えています。お客様と直接顔を合わせて話したからこそ、Ｗｅｂ会議だけでは入ってこないような情報も得られて、コロナ禍でも業績を上げることができたのです。

レントラックスはこれからも、お客様とのつながりを大切にしていくつもりです。

注力すべきは「社長業」か「営業」か？

「AかBか」ではなく「AもBも」

社長仲間からよく聞く悩みは、**「社長業とそれ以外を両立しようとしているけれど、うまくいかない」**というものです。

営業の最前線でバリバリ活躍していた人が社長になると、社長業で忙しくなり、営業にかけていた時間を削ってしまいます。社長として全社戦略を考えたり、承認対応をしたり、経営陣との会議や社内の様子を確認したりする時間が増える分、それまで営業に10の時間を割けていたとしたら、それが突然2くらいまで減ってしまうのです。結果として、売上が急激に落ち込んでしまい、その対処にまた時間がかかる……これでは悪循環です。

そのような事態に陥らないように、社長仲間におすすめしているのは、**「AかBか」ではなく「AもBも」という思考に変えること。**つまり「社長業か営業か」ではなく「社長業も営業も」というシンプルな考え方です。

私自身、これまで「社長業も営業も」のスタイルでやってきました。

営業に使っていた10の時間はそのままキープしつつ、社長業にはプラスアルファの時間で取り組むことにしたのです。営業と社長業を足して10にするのではなく、営業の10に、社長業をプラスしていくイメージです。

仕事の時間を延ばすだけでなく、〝二毛作〟も心がけました。

メンバーを会食に連れて行き、会食が終わった後にバーで飲み直すとしたら、会食でお客様との関係を深めつつ、メンバー教育も同時にできます。メンバーは、会食での私の振る舞いから、お客様とのコミュニケーションを学んでくれるでしょう。

さらに、バーで「あのときはこういえるともっとよかった」「お客様をお見送りするときには、こんなふうに振る舞うといいですよ」などとフィードバックすれば、メンバー教育の効果はさらに高まります。二人でじっくり話す時間を確保し、最後に「これからもよろしくな」と激励するだけでも、喜んでくれるメンバーも多いのかなと思います。

これは単なる例ではなく、私がよく使っていたワザでもあります。それまで会食を終えるとすぐに帰っていましたが、部長陣やリーダー陣を連れて行くときなどは、少し時間を使ってでもメンバー教育を心がけるようになりました。

これに限らず、私の基本方針は**「全部一緒にやっちゃおう」**。趣味の時間と仕事の時間、家族の時間を分けないようにして、管理本部長との釣りに子どもを連れて行くこともあります。これなら、管理本部長と仕事の話や普段の相談事を話しながら、子どものケアもできます。

そのうち、お客様との食事やゴルフもリフレッシュの時間になっていました。最近は週末やっている掃除・洗濯・皿洗いなどの家事もリフレッシュになりつつあります。

社長の最大の仕事は「タフでいること」

三つの健康法でベストパフォーマンスを維持する

会社運営に責任を持つ人として、私が大切にしているのは「タフでいること」です。健康でいなければ、よい仕事などできるはずがないからです。

健康に不安があると、人は臆病になってしまうものです。

私も最初は、「このままだと身体を壊す可能性があるかも」と、毎日会食の予定を入れて朝早く起きて会社に行くのを恐れていたことがありました。

ですが、会食やメンバーとの時間をなくしてお客様との密な関係性は築けません。健康に不安を抱えていると、仕事に影響が出てしまうのです。

タフでいることとは、フィジカル（身体面）とメンタル（精神面）の2軸に分けられるでしょう。ここでは、私が実践するフィジカル・メンタル維持法をご紹介したいと思います。

まずはフィジカル面。

健康を維持しようとすると、たいていの人は、会食を減らして健康的な食事をとったり、睡眠時間を増やしたりしようとするのではないでしょうか。

ただ私の場合、その健康法は実践できません。社長という仕事柄、毎日の会食は必須ですし、睡眠時間はこれ以上増やせないからです。実際、10年近く、毎日会食に出かけています。

そうなると、相当不健康な人間をイメージされるかもしれません。たしかに、こんな生活を続けていたら、普通の人は身体を壊すでしょう。
ですが実は、健康診断を受けるたびに「大丈夫ですね。どんな健康法を実践しているのですか？」と聞かれるほど健康なのです。

私が実践する健康法は、主に次の三つです。

(1) 朝食は野菜だけ
(2) 毎週末ジョギングして汗をかく
(3) 水をたくさん飲む

まず、朝食は野菜のみにしていること。これは、毎日会食をしているので、朝最初に入る食事で酵素を取り入れて内臓を掃除している感覚です。すごくすっきりして、ランチが楽しみになります。ダイエット効果もありそうです（笑）。

次に、毎週ジョギングして汗をかく習慣があること。これも一週間続けて毎日お酒を飲んでいますので、汗をかいて運動することでアルコールをデトックスできる気がします。運動をしないと筋力も衰えますし、筋力がないとパワフルな考え方や気合いが入らない気がするので、軽い筋トレと合わせてジョギングします。また、ジョギング中は一人の時間を持てるということもあり、集中して考え事をしたり、株主総会の前などは、ほかの会社の株主総会や決算説明などを聞いたりしながら走ります。

また、趣味のゴルフでは、夏場は別としてなるべくカートを使わず、自分の足で歩くようにしていること。これは健康のためだけでなく、「歩けばボールを探すタイミングなどお客様とも一緒に会話ができる」ということと「冬場などはラウンド中に歩きながら体を温めて柔らかくする」という効果もあります。つまり二毛作の一環でもあるのです。

次にメンタル面、精神的な健康を保つ方法です。

私が一番大切なのは、人に関するものなので、仕事では一緒に働く仲間や大切なお客様、プライベートでは、家族、親族、友人などですが、業績が悪くなっても、ここの縁が切れることは、こちらがよっぽどの不義理をしない限りないのではと思います。

ですから、プレッシャーや切迫したタイミングでも、優先順位の部分でここを間違えないようにすれば、人の助けで解決できることが多いです。「ここがつながってさえいればまたやり直せる」という安心感を何度も抱いたことがあります。つまり私の後ろ盾は人なのです。

精神的には仕事とプライベートを分けていませんので、いつも仕事のことを考えていますし、家族のことも考えています。優先順位も一緒に混ぜて考えます。家族の一大事はそうしょっちゅうないので、仕事にかかわる時間を多く持てていますが、おそらく他の人も同じなのではと思います。何か家庭の事情で時間を取られることが多い人は、まずはそこを解決しておけば、仕事の時間を多く取れるのではと思います。

よく、仕事と家族どちらが大事ですか?という究極の質問があると思いますが、私の場合、「人生においてはどちらも大事なのでどちらも大切にできる人間になります」という回答になります。ずるく聞こえるかもしれませんが、私の能力を世の中のために発揮する使命感のようなものもあり、それを実現する場が仕事であり、仕事を通じて広く世の中のために貢献したいと心から考えています。

また、家族はまずはご先祖様を大切にしますので、お盆やお彼岸などはお墓参りを必ずします。きっと子どもたちも習慣になっているので続けてくれると思います。私が生まれてきたのは、両親のおかげであり、その両親を生んでくださった祖父母であります。ですから、ご先祖様を大切にしない理由はないのではないでしょうか。

妻の両親が妻を生んでくださらなければ、私と妻が出会うこともなかったので、妻の両親やご先祖様も大切にします。妻は、私がいない間、子どものことを私以上に考えて動いてくれていますし、子どもたちは宝物です。この考え方があるので、結局どちらも平等なくらい大切になります。

私が思うに、週末に仕事のことを考えたくないという人は、プライベートの優先順位が高いのだと思いますし、勤務中に家族から相談の連絡が入るのが面倒だという人は、仕事優先なのだと思います。このような人は仕事と家庭の両立がストレスになりやすいと思いますが、私はあまり区別して考えませんので、そういった意味でいうとストレスフリーになります。

また、ゴルフ、釣り、キャンプ、ジョギングが趣味ですが、お客様と一緒にするゴルフは仕事でもありリフレッシュでもあります。釣りは、完全プライベート時間ではありますが、職場の人や前職の仲間（今は取引先）と行くことが多いので、結局これも仕事とリフレッシュが一緒の時間になります。キャンプは完全にプライベートですが、家族で一致団結するよい機会になります。テントやタープを立てたり、食材を用意して調理したり、寝床を整えたりと、キャンプは共同作業が多いためです。夜には枝を拾いに行って焚火をすると、普段家では話さないような相談事を聞く機会も持てます。家族のことが把握できていれば、仕事中にも余計な心配事がなくなるので、精神的にも安定します。

メンバーが安定して働ける仕組みをつくる

福利厚生に力を入れる理由

福利厚生は、役員みんなで知恵を出し合い、上場後にどんどん整えていきました。年に3回開催する役員合宿では、各部署の評価をしたり、事業戦略や優先順位をすり合わせしたりするだけでなく、福利厚生についても議論しています。

その理由は、一緒に働く仲間を大切にしたいから。

レントラックスの採用基準はかなり厳しいものです。その基準をくぐり抜けて入社してくれたメンバーのことは、本当に大切にしたいと思っています。ですから、「メンバーが喜んでくれる福利厚生を提供する」と決め、後述するような珍しい福利厚生をさまざま用意しています。

私たちの想いが伝わったのか、メンバーたちは「福利厚生を整えてもらっているから、自分たちも頑張ろう」と思ってくれているようです。福利厚生が整ったことで、業績や会社の雰囲気にもポジティブな影響がありました。

また、少し話はそれますが、メンバーを大切にする取り組みの一環として、レントラックスでは**「有給休暇をすべて消化してもらうこと」に本気で取り組んでいます。**

毎月の全体朝礼でも、私から「有給休暇をすべて消化してもらいたいので、9月までにそれぞれ、残りの日数をカウントしてスケジュールを組んでください。上長は気持ちよく承認しましょう」と伝えています。

半年前からスケジュールを組んでおけば、連休を取り、旅行に出かけるなどしてリフレッシュすることもできるでしょう。これも、メンバーにいきいきと活躍してもらうための工夫の一つです。

AからZまで26種類の福利厚生を用意

レントラックスの充実した福利厚生の中でも、特に驚かれるのが「福利厚生のA－Z」。AからZまで、26種類の福利厚生を用意しています。一つずつ紹介しましょう。

◎A制度（ATAMA）

勤務中でもアポの合間などに、オフィス最寄りの美容院に行ける制度

◎B制度（BBQ）

年1回、グループ全社にてバーベキューを実施する制度

◎C制度（CONFERENCE）
会社負担で国内外のカンファレンスやセミナーに参加できる制度

◎D制度（DOKUSYO）
月5000円まで書籍代を支給する制度（映画、漫画もOK）

◎E制度（EAT）
3か月に1回、同期食事会をしたり、社長・会長と食事に行けたりする制度

◎F制度（FUDOSAN）
平日に物件探しに行ける制度（賃貸、引越の場合）

◎G制度（GASSHUKU）
ホテルや温泉地などでチーム、役職、入社年ごとに合宿を行い、業務への取り組み方などを考える制度

◎H制度（HOIKU）

子連れで出勤できる制度

◎I制度（ISU－KOUNYU）

内勤メンバーは質の高い椅子を購入できる制度（10万円程度まで）

◎J制度（JITAKU）

会社から徒歩20分圏内に住むと月に2万円支給される制度

◎K制度（KUTSU）

外出の多いメンバーは営業用の靴を購入できる制度（3万円程度まで）

◎L制度（LUNCH）

リフレッシュルーム内の食品類・スープや飲み物類を自由に利用できる制度

◎M制度（MASSAGE／MVP）
MASSAGE：無料でマッサージを受けられる制度
MVP：毎月個人／チームのMVPを表彰し、賞金を授与する制度

◎N制度（NAIL）
無料でネイリストさんの施術を受けられる制度

◎O制度（OIWAIKIN）
結婚・出産・勤続周年のお祝い金が出る制度

◎P制度（PRESENTATION）
月に1回全社員参加のプレゼン大会を開催し、優勝者には賞金を授与する制度

◎Q制度（QUALIFICATION）

希望の資格試験の受験費用を会社負担する制度

◎R制度（REFRESH POOL）

夏季期間月1回、業務時間内にホテルのプールを利用することができる制度

◎S制度（SEISHINTOTOKINOHEYA）

リーダー以上の役職者は、半年に1度程度ホテルにこもって仕事ができる制度

◎T制度（TANJOBIーKYUKA）

誕生月の前後月で休暇を1日取得できる制度

◎U制度（UCHIAGEーNOMI）

毎月一回会社負担で打ち上げ飲み会する制度

◎V制度（VALENTINESDAYーSURPRISE）

バレンタインデーに女性陣から男性陣にサプライズプレゼントする制度

◎W制度（WHITEDAY-SURPRISE）

ホワイトデーに男性陣から女性陣にサプライズプレゼントする制度

◎X制度（eXercise）

プロのインストラクターによる社内のジムスペースでトレーニングやストレッチを受けられる制度

◎Y制度（YAKYU）

年間指定席で野球観戦できる制度

◎Z制度（ZXY利用）

サテライトオフィスサービスであるZXY（ジザイ）を外出の移動の合間に利用することができる制度

また、レントラックスには、社員イベントの年間計画表があります。ホワイトデーに女性メンバー全員をディズニーランドに招待するのもその一つ。日頃の感謝を込めて、女性メンバーに平日の空いているディズニーランドを満喫してもらいます。

＊

もう何年もこの計画表にのっとって動いており、メンバーたちも数々のイベントを楽しみにしてくれています。もちろんコロナ禍においては開催を控えましたが、メンバーとの関係値が薄くなっているようで落ち着かなかったことを覚えています。

レントラックスらしさを維持する「ルール」

「経営理念」と「経営方針・五ヶ条」、「十五則」

レントラックスにはいくつかの共通言語があります。

まず、レントラックス流の哲学を言語化した「経営理念」と「経営方針・五ヶ条」です。

抜粋してご紹介しましょう。そして次の「十五則」が、あるべき姿をまとめた十五のルールです。

【経営理念】

インターネットを駆使し、人々に適切な情報を提供し、便利さを提供する。

【経営方針・五ヶ条】

信念・責任感・謙虚さ・スピード・実行力をモットーに、当社に関わる全ての立場の人々を成長させ、幸せにする手法を探求し、提供する。

信念

人生一度きり、精一杯生きよう。

責任感

常に周りを意識し、信頼を勝ち取ろう。

謙虚さ

傲慢にならず、周りに生かされている事を意識しよう。

マッハスピード

自分一人が頑張っている訳ではない。
周りに負けないスピードで対応しよう。

実行力

考えるのも重要だが、
実行力が伴わなければ意味がない事を認識しよう。

【十五則】

01. 嘘をつくな。思い込みは嘘と同様。
02. 常に明るく。暗い所に成功はない。
03. 自分の常識を疑え。
04. 他人を敬え。
05. 悪事は自分に跳ね返る。

06. 高い目標を持て。
07. アンテナを張り続けよ。
08. たまには休め。
09. 失敗は自分の責任。成功は自分の力＋皆のおかげ。
10. 適当な仕事をするな。
11. 頑張っているのは自分だけではない。
周り以上に頑張らなければ成功はありえない。
12. 常に周りに気を使え。そうすれば輪の中心は自分になる。
13. 人生は一度きり。思いっきり生きよう。
14. 情報は隠すな。
情報を出せば出すだけ新しい情報が入ってくる。
15. 仕事は「情熱×やり方」。
やり方が合っていても情熱がなければつまらない。情熱があってもやり方が間違っていれば結果は出ない。

これらを共通言語とし、研修の教材としても使っていたのですが、少し曖昧なところもあり、全社員に完璧に浸透しているとはいえませんでした。

＊

「どうすればもっと具体的な形にできるだろう」「全社員に完璧に浸透させるにはどうしたらいいだろう」と考えたとき、**「これらをもっと細かく分解して、文章に落とし込んで説明したらいいのではないか」**というアイデアが浮かびました。

「ライフイズム」と「ワークイズム」

「これらをもっと細かく分解して、文章に落とし込んで説明したらいいのではないか」というアイデアのもとで生まれたのが、「ライフイズム」と「ワークイズム」です。

一つひとつの哲学を普段の行動に落とし込み、役員合宿などでも意見を出し合いながら**「こんなときはこう行動するのがレントラックスのメンバーらしさです」**という形で明確に定義づけたものです。

ライフイズムは、人間性を形づくる、生活面の指針。日頃の勤務態度や業務に取り組む姿勢、つまりコンピテンシーのようなものです。小学生でもできるような項目から、普段の生活で意外と忘れられがちな項目まで、細やかに規定しています。「これが実践できる人しか採用しない」という指針でもあります。

ワークイズムは、業務を遂行する際に大きなパワーを発揮する、仕事面の指針。仕事の進め方に加え、お客様や社内のコミュニケーションの取り方についても、こちらで規定しています。

ポイントは、「業績ばかり重視するとライフイズムがいい加減になり、ライフイズムばかりを重視すると業績が上がらない」というジレンマに陥らないようにしていること。**ライフイズム・ワークイズムに沿って行動すれば、自然と業績が上がる。**そんな仕立てになっています。

また、能力にかかわらず、誰でも努力次第で実践できる項目ばかりになっていることもポイントです。

ライフイズムとワークイズムは、新卒社員の研修合宿で、1日半かけて細かく説明しています。一つひとつの項目を一緒に読み合わせをしながら、「こういうシチュエーションではこうするんだよ」と、実演も交えて教え込むのです。

新卒だけではなく、中途メンバー含め、すべてのメンバーがイズム研修を受け、イズムの中身を完全に浸透させていきます。またそれを研修や合宿を通じて何度も伝え、評価にも組み入れます。ですから、うっかりイズムにそぐわないことをしてしまったとしても、誰かから指摘されたらすぐに「イズムに書かれていることなのに、反してしまいました。すみませんでした！」と素直に謝ることができます。

ライフイズムとワークイズムを明文化しているのは、「正しい行動かどうか」がわかりやすいからです。

明文化せず、フワッとしたままだと、指導する人も迷ってしまうでしょう。一方、手本があると、「ここに書いてあるでしょう？　だからいっているんだよ」と伝えやすくなります。これは指導されるほうも同じです。上司の気分で叱られたり褒められたりするより、「ルールだから守ってください」といわれたほうが納得できますし、受け入れやすくなるものでしょう。

基本を詰め込んだ「レントラックスルール」

ライフイズムとワークイズムに加えて、「レントラックスルール」というルールも設けています。これはその名の通り、レントラックスに所属する人が実践すべきルールをまとめたものです。メンバーには常々**「レントラックスルールを守りながら行動する過程で人間性が高まり、イズムが発揮できるようになる」**と伝えています。その一部を紹介していきましょう。

Wordファイルで40ページ近く、1万字超にも及ぶ「レントラックスルール」の中でも、最初に位置づけているのは挨拶の仕方を規定したもの。1文目は「相手の顔を見て、元気な声で挨拶する」です。

「相手の顔を見て、元気な声で挨拶する」なんて当たり前だと思う人もいるでしょうが、常に徹底するのは意外と難しいものです。疲れているとき、寝不足のときも、あなたは常に「相手の顔を見て、元気な声で挨拶する」ことができるでしょうか?

挨拶はするけれど、相手の顔を見ない人もいるでしょう。誰にも聞こえないほど小さな声でしか挨拶しない人もいます。当たり前のようでいて、意外と実践が難しかったりするのです。

ですが、いかにも疲れて寝不足そうな同僚がオフィスに入ってきて、誰の目も見ず、小さな声で「おはようございます」といったら、あなたはどう思うでしょう?

きっと挨拶を受けた側が気を使ってしまうでしょう。報告・連絡・相談したいことがあったとしても、「今はやめておこう」と思うのではないでしょうか。

ですから私たちは、「相手の顔を見て、元気な声で挨拶をする」をルール化しているのです。いくら疲れていても、一瞬だけ、挨拶する瞬間だけ頑張ることくらいはできるはずですから。

「挨拶」の項の次に置いているのは「営業の心得」です。

◎営業しすぎないように。お客様は営業されるのを嫌がる事を認識すること。
◎まずは関係作りから。仕事はおのずとやってくる。
◎お客様から可愛がられる人間になれるように。
◎スケジュールは、こちらから決めていけるように。常に主導。
◎聞くと話すは7：3。

などなど、こちらも当たり前に思えますが、言うは易く行うは難し。完璧に実践できる人は決して多くないはずです。私が営業出身ということもあり、常に見直してアップデートを加えています。

そのほかにも、次のような項目を掲載しています。

◎外出時、帰社時のルール
◎郵送物の受け取りルール
◎人の話を聞く時のルール
◎ミーティング時のルール
◎お客様との面談ルール
◎来客時のルール
◎食事の場でのルール
◎お礼に関して
◎サブリーダーになるための要件
◎リーダーになるための要件
◎確認事がある場合のルール
◎メール（チャット）ルール
◎私物ＰＣ利用のルール
◎会社からの貸与物のルール

◎業務及び、クライアント様の引継ぎの際のルール
◎服装ルール
◎36協定
◎清掃・整理整頓に関するルール
◎その他
◎働き方改革
◎リファラル採用
◎チーム合宿
◎家賃補助（手当）
◎雨の日制度
◎会員制和風居酒屋「白」、麻雀、プール
◎（福利厚生利用時の）お礼について

「出したものはしまう」までルール化している理由

レントラックスルールで明文化したルールはすべて、誰でも心がけ次第で実践できるものばかり。ここまで徹底的にルール化している組織は珍しいでしょう。「出したものはしまいましょう」というルールを見た人は、「小学生じゃないんだから……」と驚きます。

ですが、出したものをしまわない人は意外と多いものです。社内に「しまわない人」が一人でもいると、「はさみが見当たらない」と探したり買い直したりしているうちに貴重な時間を無駄にしてしまいます。時間があるときにあらためて探すとあちこちから出てきて、オフィスがはさみだらけになってしまうのも「あるある」でしょう。そのような事態を防ぐためにルール化しました。

「ゴミを拾う」というルールも、残念ながら、常にすべての人が実践できるとは思えません。お客様が来社されたとき、ゴミが落ちていると、嫌な気分にさせてしまいます。お客様、そしてメンバーにも気持ちよく過ごしてもらいたいという思いから、ルールに加えました。

会社には、いろいろな環境で育ってきた人、多様な価値観を持った人がいます。育っていた環境が違えば、それぞれの認識する「常識」は違って当然です。

そこでレントラックスルールは、「レントラックスにおける常識」を示すとともに、**気持ちよく仕事ができる職場をつくるために、そして誰でも着実に成果が出せるように、一見当たり前のことでも一つひとつルール化しているのです。**ここにすべてが書いてありますから、迷ったときはこのルールに立ち返れば、失敗することはありません。

また、ルール化することのもう一つの狙いとして、**「誰が指導しても一定の質を保てるようにすること」**が挙げられます。常に金子や私の目が行き届き、部下や新卒たちを指導できるとは限りません。

人によって指導の質にバラつきがあるのは、部下にとって不幸なことです。上司ごとに個性があってもかまいませんが、基礎となる部分は漏らすことなく、正しく教える必要があります。家づくりでいうなら、基礎は共通のものをしっかり整えて、装飾の部分で個性を出すようなイメージです。

そこで、役員でも、部長でも、リーダーでも、新卒2年目のメンバーであっても、一貫した指導ができるように、考え方や働き方、スタンスといった「人間性をつくる基礎」に関しては、あらゆる物事を規定したのです。しかも指導する側にとっては「レントラックスルール のここに書いてあるから」という枕詞を添えれば、いいにくいことでもストレートに指導しやすくなります。

さらにいえば、役職によって、その人に求める「ルールの体現度合い」は異なります。メンバークラスであれば、最低限、「レントラックスルールを理解している」レベルでも許されるでしょう。一方、リーダーやサブリーダーとなれば、これらを体現できる人材でなければなりません。**レントラックスルールは昇進の指針でもあるのです。**

なお、新卒採用をする際には「細かいルールをもとに、一人ひとりの振る舞いを細かく指導する会社です。ルールの遵守度合いが評価にも影響します」と明確に伝えるようにしています。そうしないと「振る舞いまで指導されたくない、早くスキルを身につけたい」と考えて、退職してしまう人がいると思われるからです。

中途採用でも同じです。「『今さら道徳の授業みたいだ』と思われるかもしれませんが、当社では本当に大事にしているポイントです。ご理解いただけますか？」と必ず確認し、承諾してもらえた人にしか内定を出しません。**レントラックスルールに納得できない人は、いくら即戦力人材であっても、カルチャーフィットしない可能性が高いためです。**

人間性で競合他社と「差別化」する

当たり前のことまで言語化し、ルール化している理由は、もう一つあります。それは「差別化のため」です。

広告ビジネスは、基本的に同じ商材を扱いますし、商材が無形であるため、競合他社との差別化が非常に難しいというビジネスの性質上、「レントラックスならではの価値」を感じてもらいづらいのです。

そんな中、**競合他社と差をつけられる要素は「金額などの条件」か「営業担当者の人柄」となります。**

私が常々メンバーたちにいっているのは、「競合他社と同じ条件を出したときに、レントラックスを選んでもらえるような営業をしよう」ということです。「A社も同じ条件だったから、ぜひレントラックスさんと組みたいです」といっていただけるような営業をしてほしい。普段から丁寧にコミュニケーションをとって、ファンになってくれるお客様を増やしていこう——。そう話しています。

値下げをするのは簡単です。お客様が条件だけで選ぶとしたら、レントラックスの手数料を最大限まで削っていけばいいでしょう。

ただそうすると、レントラックスの利益はどんどん下がっていきます。会社を存続させていくために、既存のお客様に提供しているサービスを値上げしたり簡略化させたりすることになるでしょう。いまと同じ水準の給与は出せなくなり、福利厚生も廃止せざるを得ないかもしれません。

お客様に喜んでいただき、メンバーが気持ちよく働き続けるためには、「値下げして契約をいただく」のは最適解ではありません。ですから、競合他社と同じ条件でも勝てる、人柄で選ばれる営業担当でいてほしいのです。

レントラックスルールを遵守し、レントラックスイズムを発揮していれば、自然と「選ばれる営業担当」になれるはずです。

ルールを形骸化させないために実践していること

レントラックス流　四つの工夫

いくらよいルールを設定しても、形骸化してしまっては意味がありません。ルールの形骸化を防ぐために、レントラックスでは四つの工夫をしています。

一つ目は、合宿です。

同じ役職の中でも年に3回、合宿を実施し、ルール・イズムについての研修を行います。「レントラックスルールはもう完璧にわかっている」と思っていても、あらためて研修を受けると、ハッとすることがあるようです。

コロナ禍以降、オンラインコミュニケーションが増えた分、リアル参加の合宿には特に力を入れています。

研修は主に2種類。「22年卒・23年卒合宿」のような入社年度ごとのものと、「リーダー合宿」「部長合宿」のような階層ごとの研修です。社会人歴や社歴、その人の立場によって、同じことを教えても浸透具合は違うと考えているため、このような形を採用しているのです。

合宿では、社長である私が自らイズムとルールについて語ります。

二つ目の工夫は、日常的にルールに言及し、刷り込むことです。

ルールから少しでも外れたことをするメンバーがいたら、その場で指摘します。私やその人の上司にあたる人はもちろん、直属の上司ではない人でも気軽に指摘できる雰囲気をつくっています。

三つ目の工夫は、毎日の朝礼で「経営理念」と「経営方針・五ヶ条」を読み上げることと、稲盛和夫さんの『心を高める、経営を伸ばす』を毎日一節ずつ読んで、毎日二人をさして感想を語ってもらい、最後に社長である私からそのときに気づいたことを語るということをやっています。

経営理念や経営方針は、Webサイトに載せていたり、エントランスや会議室などに掲出したりしているだけで、半ば「お飾り」のようになっている企業が大半でしょう。レントラックスはそうならないよう、必ず毎朝口に出し、全メンバーが触れられるようにしています。

レントラックスイズムと哲学が似ている『心を高める、経営を伸ばす』を読み、感想をいい合う時間を設けることも、イズムの継承のために効果的だと考えています。一人で読むだけでなく、みんなで感想をいい合うことで、お互いの考えや意見を知ることができるのもメリットです。

四つ目の工夫は、イズム・ルールを体現する人が昇格できる仕組みにしていること。こちらは後述します。

イズムの評価について

前項でお伝えした「イズム・ルールを体現する人が昇格できる仕組み」について、少し詳しく紹介します。

レントラックスは、メンバー全員が半年に一度、360度評価を受けます。360度評価とは、本人に加えて、部下、同僚、上司などからも評価される評価手法のことです。もちろん私自身も、メンバーたちから評価してもらいます。

評価項目は私が入社前から研究して作っていたもので、それにレントラックスイズムを加えたオリジナルのものです。**〝レントラックスグループで活躍するビジネスパーソンとして必要な要素〟をすべて詰め込みました。**

大項目は次のとおりです。

◎自己の成熟性
◎課題遂行能力
◎対人能力
◎業務遂行能力
◎戦略・思考能力
◎チームマネジメント力
◎レントラックスイズム
◎フリーコメント三つ

大項目それぞれに、6～20の小項目が紐づいている形です。たとえば「自己の成熟性」には、「困難な状況にあっても慌てず、落ち着いて対応する力」「正確確実に業務を遂行する力」などの小項目を用意しています。

それぞれの小項目を5点・4点・3点・2点・1点の5段階で採点し、「自己評価」「他者

評価平均」「同グレード平均」を算出します。また、過去の評価からの成長具合を折れ線グ
ラフにして、本人に開示します。
レントラックスでは、いくらすばらしい業績を上げていても、360度評価で「レント
ラックスイズム」の点数が低い人は昇進できません。「中長期で継続的にパフォーマンスを
発揮するには、実績だけではなく、イズムの習得が必須だ」と考えるからです。プレーヤー
としては結果を出せても、チームを持ったときに結果が出ないタイプの人がいるものですが、
それはイズムが身についていないから。ですから、イズムが実践できない人を大きなチーム
のリーダーにしてはならないと考えています。先述したとおり、リーダーやサブリーダーと
なれば、レントラックスイズムを体現できる人材でなければならないのです。

その会社ならではの〝イズム〟を言語化したり、研修で浸透を図ったりする会社は多くあ
るでしょう。ですが、レントラックスのようにイズムと給与・役職が連動している会社は珍
しいのではないでしょうか。

レントラックスでイズムと給与・役職が連動しているのは、イズムが軽視されないようにするためです。**「イズムは給与や役職には関係ない」と思われてしまうと、どうしても優先順位は下がってしまい、イズムを継承することはできないでしょう。**

一方、イズムが給与・役職に連動していると、やはりメンバーたちの意識が変わるものです。「イズムをしっかり体現して給与・役職を上げよう」と努力しますし、リーダーたちも、部下と面談するときに「この半年でこの項目が伸びているから、もっと伸ばしていこう。具体的にはどうやっていこうか？」と指導することができます。この仕組みが、レントラックスらしさの継承につながっているといえるでしょう。

スキルが発揮できるのは人間性あってこそ

持てるスキルを発揮できるのは、人間性があってこそ。私はそう信じています。

私自身、謙遜でも何でもなく、高度なスキルを有している人間ではありません。

そんな私が、なぜお客様からよくしていただき、多くのお声がけをいただけるのか。それはおそらく、私という人間を気に入ってもらえているからでしょう。手前味噌ですが、自動車業界から身を転じても変わらず成果が出せたのは、人間力をベースにした営業スタイルだからと信じています。

また、金子が私を次期社長に指名したのも、「山﨑なら、レントラックスイズムを継承してくれるはずだ」と考えたからではないかと思います。私自身、レントラックスイズムの重要性に完全に納得できなければ、どこかのタイミングでレントラックスを抜けていた可能性があります。

これから先、レントラックスは今まで以上に海外進出を推進するでしょう。私が次の社長を選ぶときには、私以上に優秀でタフネスさがあり、レントラックスイズムを継承してくれるのはもちろん、海外にまで伝播する力のある人材を選ぶのではないかと思います。

第4章

イズムの先に

レントラックスの未来

業界1位を目指して

今後、レントラックスは何を目指すのか。

よく経営者つながりの仲間や、お客様からも聞かれるのですが、社内では、2021年に設定した「アップドラフト3510プロジェクト」を推進中です。アップドラフトとは「上昇気流」、設定した当時から10年後に達成させるビジョンを掲げてグループ全社で進めています。

社内でも動画を作り、節目のイベント時などでは、スクリーンで流し、皆でビジョン達成に向けて一致団結しています。

実はこのプロジェクトは、スタートして3年目です。3年、5年、10年という節目に明確な数値を置き、既存事業の拡大、新規事業の立ち上げ、海外展開、この3点を加速させることで達成を狙うものになります。

既存事業では**「ASP事業で業界首位を獲得すること」**を目標として、全社一丸となって動いています。達成した後の具体的な目標は、成果報酬型の広告が、今よりももっと安心安全に取り組めて、広告主様にとっても収益性の高い広告サービスに成長させ、もっとスタンダードな世界観にすること。またこの先は海外、特に東南アジアでも浸透させ、10年くらい先には、海外での業績が国内での業績に近づいている状態をつくりたいと思います。

新規事業の立ち上げでは、上場前から業績にも寄与していた、検索連動型広告代行事業とともに、上場前後に立ち上げた、建設機械のマーケットプレイスを展開するGROWTH POWER（https://www.growthpower.co.jp/）、その他VTuber事業（https://jp.maha5.com/）、インドネシア国内でオーダーメイドでWebからの購入ができるアパレルブランド（ROU）、美容家電、インフルエンサーサービス、インドアゴルフ事業など、新しい事業も積極的に展開し、M&Aの分野では、タイの広告代理業（BEARIS ONE）、上海のロジスティクスセンターを展開するアテナ上海などもあります。この先はレントラックスグループの中でどんどん新しい事業を展開し、その中からいくつかは分社化し、多くの上場会社を作ることを夢みています。

そして、本業のASP事業以外にも、海外展開を積極的に行い、現在の海外13拠点を中心に事業を伸ばすことを考えています。

これら三つを達成できれば、取扱高（旧売上高）は500億円を超え、1000億円も夢ではないと考えています。社内でも明確な数字があったほうがよいので、普段からアップドラフト3510プロジェクトの達成とともに、「1000億やろう」と声に出しています。取扱高（旧売上高）が1000億円に到達した段階の未来像では、レントラックスグループ内で100億円規模の事業やグループ会社が2社、3社と出てきていて、海外事業の業績も後押ししている状態をイメージしています。

そしてその先には、伸ばした利益で得た原資を元に、世界中で使われるようなプラットフォームの運営にも興味があります。アイデアマン募集中です（笑）。新規事業の芽が出て花開き、それらが売上100億円、200億円、300億円と成長していったりするのが、10年後、15年後のイメージです。

新規事業をどんどん世に出していく新規事業マシーンとなり、Webマーケティングの分野では、日本のマーケティング会社から、東南アジアのマーケティング会社、そして世界のマーケティング会社になる。これが、レントラックスの目指す世界です。

来る「承継」をどう捉えるか

いつかやってくる事業承継についてもお話ししておきたいと思います。

いま私は43歳ですから、早すぎると思われるかもしれませんが、理想は、実際に承継するずっと前からじっくり後継者を探し、見定め、最善のタイミングで承継することだと考えています。何よりも私は会社の中の役割として今の代表をやっていますから、優秀でタフさがあり、仲間やお客様を幸せにできる人が出てきたら、その人に代表をバトンタッチしたほうが、ビジョンの達成が早くなると考えています。

一方、世の中を見渡してみると、承継ギリギリのタイミングになってから、つまり体調を崩したり、年を取って業績が右肩下がりになり始めたりしてからはじめて、バタバタと後継者を探す人が多い印象です。急にやりたいことが変わり、急いで探し始める人もいると聞くくらいです。経営者の多くは、ソーシャルスタイル診断でいうと、ドライバータイプが多いともいわれますので、自分が気にし始めるタイミングでようやく動き出し、決まった後は、素早く交代して次のことをやる人が多いように思います。ただし、気づいたときに、周囲に適任者がいればよいですが、焦れば焦るほど後継者が見つからないというケースもよく聞きます。

もちろん私はまだ43歳でビジョン達成に向けて、バリバリやっていますから、事業承継のタイミングを具体的に決めているわけではありません。ただ、インターネット業界は変化のスピードが速く、昨日の正解が今日の正解だとは限らない世界です。常に新しいものに触れている若者のほうが柔軟に対応できる部分もあると考えていますので、私はいつまでも社長の座にしがみつくつもりはありません。

実際、既に後継者探しには着手しています。

「社内ならこのあたりかな」「取引先のこの人はいいな」などと常に考えながら、**自分よりタフで、頭がよく、レントラックスイズムにぴったり合いそうな人は誰かを、常に考えているのです。**

何よりも最初に来るのが、レントラックスイズムです。どんなに仕事ができて、業績をあげても、イズムへの興味関心とイズムを伸ばす気概のない人は社長にはふさわしくないと考えています。取引先の若い社長や役員とやり取りをする中で「一緒に仕事をしていて気持ちいいな」「イズムを体現できそうな人だな」「この人に任せたら業績が上がりそうだ」という人がいたら、将来のスカウティングを目的に食事をして、顔をつなげておくこともあります。実際にそうして数年後に当社に入社していただいた人も多くいます。

レントラックスの3代目社長に就任するのは、現在の役員や営業部長の中の誰かかもしれませんし、グループ会社の代表者かもしれません。これから入ってくる新卒社員がぐんぐん成長して社長になってくれるかもしれません。私自身、平社員から社長になりましたから、同様の、あまり常識にとらわれないような経営判断もあり得ます。

もちろん、レントラックスイズムを気に入ってくれて、「日本だけではなく海外にも広く展開していきたい」と熱い想いで推進してくれる人であれば、外部の人でもいいでしょう。常に承継を意識しながら一人ひとりと向き合い、採用と教育、そして営業活動に従事していきます。

人となりを理解するには、1年2年では到底できません。よいときもあれば悪いときもあるのが人間ですから、そのときにどういう考え方をするか、どう対処して乗り切っていくか、などもよく見ています。特に極端に悪いとき、運よく大当たりしたときなどに、その人の本質が見えてきます。

また、イズムが整うまでには時間がかかります。レントラックスの社長になる人は、レントラックスイズムを誰よりも深く理解して、その重要性に心から納得し、組織のお手本レベルで体現できる人でなければなりません。この段階に達するには、最低でも5年以上はかかるでしょう。さらには、ビジネスセンスやスキルを兼ね備え、心の底から「レントラックスを伸ばしていきたい」と思える人でなければなりません。

そのような稀有な人材を見つけ、口説き、レントラックスイズムを深く理解してもらうためには時間が必要なのです。

よくレントラックスのメンバーに対して「仕事は準備が8割、実働が残りの2割」というのですが、これは事業承継においても当てはまると考えています。

なお、「イズムにマッチしていて、レントラックスを伸ばしていこうという熱い想いがある人材かどうか」の基準の一つになっているのは、人事評価です。第3章でもご紹介したように、レントラックスの人事評価では、レントラックスイズムを体現できる人が昇格できる仕組みを作っています。

360度評価に加えて、お客様からの評判や社内メンバーからの声に耳を澄ませていると、そのメンバーのことが見えてくるのです。

「承継」に向けたレントラックスイズムの浸透

もちろん、レントラックスイズムの浸透にはかなり力を入れています。

最近X（旧・Twitter）を始めたのも、事業承継の準備の一環です。マネジメントや経営に関して、私の想いを投稿することで、レントラックスイズムを何年もかけて継承していけたらと考えています。

また、特徴的なのは、しばしば泊まり込みの合宿を実施して、レントラックスイズムについて語り合う機会を設けていることでしょう。社外の方からはよく驚かれるのですが、私自身が参加してレントラックスイズムについて発信する合宿は、入社年度ごとの研修や階層研修、中途社員に対するものも含め、年間に15回程度あります。

たとえば新卒入社したメンバーに対しては、入社2か月目に研修合宿を行って私が自らレントラックスイズムをたたき込みます。また新卒1年目と2年目、新卒2年目と3年目という組み合わせで、新卒入社後3年目まで毎年レントラックスイズムの教育合宿を行っています。

「来週、会社のイベントでバーベキューを開催しますが、このイベントで、あなたはレントラックスイズムをどのように発揮しますか?」「ライフイズムの中のこの項目は、どのように行動したときに発揮されると思いますか?」といったワークに取り組んで話していき、一人ひとりに対して私からフィードバックを行う形式です。

ワークイズムについても同様です。「現場でお客様に対応するとき、こういうコミュニケーションの取り方が正しくて、こういうコミュニケーションの取り方は避けましょう」「このやり取りは、一見よいように思えるかもしれないけれど、レントラックスではNGです」といった会話を行います。

また合宿では「今後の目標をどう達成しますか」という宿題に取り組んでもらいますが、そのフィードバックでもレントラックスイズムに触れることになります。「あなたのプランからは傲慢さが感じられるから、レントラックスイズムのこの部分と合っていませんね」と、レントラックスイズムの具体的な項目と照らし合わせながらフィードバックすることで、メンバーたちはハッとして、腹落ちできるようです。

このように何度も何度もレントラックスイズムに触れることで、自然とレントラックスイズムが染みついていきます。レントラックスでの社員教育は、すべてレントラックスイズムにつながっているのです。

「社員からも顧客からも愛される企業」になるために

利益分配の優先順位第一位は株主さん

業績を伸ばすためには、社員からも顧客からも愛される企業である必要があると考えています。そのために実践しているのは、社員や顧客に心から報いることです。

少し具体的にいうと、レントラックスの利益分配には順序があると考えています。報酬や利益の優先順位の先頭に位置しているのは、株主さんです。私たちレントラックスは、配当金という形で株主さんに報いるために業績を上げています。そして、業績が特別に上がったときには、記念配当という形で、いままでよりも多く配当金をお出しします。

優先順位の2番目は、一緒に働くメンバーの年収を上げること、続いて、幹部としてレントラックスの軸になって働いてくれている役員陣の報酬を上げることです。利益が出たら、一緒に頑張ってくれているみんなに分配したいと考えています。

そして優先順位の最後に位置しているのが、レントラックスです。利益が出たら、株主さん、メンバー、役員陣に分配した後、レントラックスが一部いただく。これがレントラックスの考え方です。

業績をあげるためにも重要なのは、長くお取引をしていただいているお客様です。すべての起点になるのはお客様なので、ここを一番に考えます。お客様ファーストという言葉があ

ります が、普段お世話になっているお客様も、よいときもあれば悪いときもあります。困っているときは、できる限り寄り添い、当社でできる対応がないかを考えて実践します。この考え方が、経営方針にもある通り、「当社に関わる全ての立場の人々を成長させ、幸せにする手法を探求し、提供する。」を実践するということになります。

多くの会社は、株主さんと自社の関係性を説明するとき、WIN-WINという言葉を使うでしょう。一方、私たちは、**先に提供すること、いうなれば「WIN-WIN-LOSE」の姿勢を大切にしています。**

具体的にいうと、最初は見返りを求めません。お客様やメンバーに対して惜しみなくギブをします。

たとえば、新しいジャンルの成功報酬型広告を扱ってくださるパートナーさんとの取引では、レントラックスのマージンを限りなくゼロに近づけることもありました。最初は利益が出ないどころか、人件費で赤字になってもかまわない。最初はパートナーさんも赤字になりがちですから、レントラックスもそこに寄り添うのです。そしてしばらく一緒に奮闘した後、うまく決着したら、レントラックスに分配していただくようにします。

この話をすると「まずは自社の利益をしっかり確保したほうがいいのでは?」といわれることもありますが、これもレントラックスイズムに即した判断です。

また、マージンがなくてもいいからと相手に寄り添うことで、結果としてパートナーさんと深い関係が築けるのも事実です。**「競合他社じゃなくてレントラックスに伴走してもらってよかった」**と思ってもらったことで、長いお付き合いができ、月1億円、2億円レベルの取引に成長したクライアントもあります。

経営理念(レントラックスイズム)を形骸化させず、現場レベルで常に実行しているのは、レントラックスの強みです。

競合他社からは、冗談半分に「そこまでやられたら太刀打ちできない」「山崎さんは営業や会食に出ないでよ」と嫌がられることもあります。クライアントから「レントラックスさんはやってくれるんだけど、貴社はやってくれないの?」といわれることもあるそうです。

レントラックスはこのように、レントラックスイズムを実践しながら、業界ナンバーワンを目指していきます。

いま、考えていること

1年後、3年後に見違えるような結果を出すために

――継続性の大切さ、よい習慣を思いついて実行したとしても、3日坊主だと意味をなさず怠惰な習慣がついてしまい逆効果になります。この継続性を常に見ています。辛く大変なのは、ただ慣れていないからであって最初だけです。慣れるとそれが普通になり、そうなった瞬間レベルアップを体感できます。

――前回の継続性の続き、レベルアップにつながることを、普段から毎日コツコツと継

続していくと、1年後、3年後に見違えるような結果が待っています。筋トレやダイエットもよい例ですが、仕事に当てはまることをやると、報酬や役職はもちろん、レベルの上げ方がわかり、何よりも自分の自信に繋がります。（2024年3月17日・18日の投稿）

ここからは、私のX（旧・Twitter）での投稿をいくつか取り上げて、解説していきましょう。

レントラックスのオフィスのドアには「一日一改善」というメッセージを貼っています。言葉通り、一日に一つでもいいから、何かを改善しましょうという意味です。

小さな改善であっても、1年間に200営業日あれば200個の改善ができて、それを10年続けると、2000個もの改善になります。このメッセージを通して**「コツコツ続けることにより、素晴らしい結果が得られます」「改善を習慣づけると自信がつきます」**ということを伝えたいのです。

とはいえ私自身、改善を習慣づけることの難しさは理解しているつもりです。この投稿をしたのも、突然、朝早く出社するようになったけれど、2週間後には元の出社時間に戻ってしまったメンバーの姿を見たからです。「大変かもしれないけれど、ぜひ継続してほしい」という願いを込めて書きました。

何かを継続できないことには、ストレスもあるし、恥ずかしさもある。だからこそ、ぜひ歯を食いしばって続けてみてほしい。そのようなメッセージを込めたつもりです。

よい流れをキープするにはやはり基本が大事

――スポーツと一緒で基礎が疎かになると、うまくいかなくなる気がするので、基本ができているかを定期的に見直します。

流れを良くする。良い流れをキープするにはやはり基本が大事か！（2024年3月

20日の投稿）

ビジネスの基礎の一つとして、レントラックスでは「社外からのメールやチャットは5分以内に返信しましょう」と伝えています。自分が作業をしているときでも、いったん手を止めて、お客様に返信する。5分以上経っているのに返信していないものを見つけたら、私たち幹部から「これ、返信できていないんじゃない？」とリマインドすることもあります。常にお客様ファーストで考え、行動するのがレントラックスの文化なのです。

この投稿をしたのは、グループリーダー合宿の日です。

新卒はまだしも、グループリーダーくらいになると、日々の業務に集中しているうちに、こうした基本が疎かになりがちです。**基本を疎かにすると、さまざまなところで綻びが出て、よくない流れが生まれることもあるでしょう。**ですから合宿では、必ず基本を見直して、初心に戻れるようにしています。

参加者をハッとさせ、自分の行動を振り返らせて、レントラックスイズムを再度浸透させせながら、またよい流れがキープできるようにする。これも合宿の役割なのです。

「メールの返信は5分以内」といったことは、年次が上がるにつれ、少し子どもっぽく見えてくるのでしょう。その気持ちは私自身も理解します。

でも合宿の最初に「いまさら新卒のようなことを……」という顔をしていた人も、あらためて基本に立ち返ると、ハッとして、「まずい、できていない自分が恥ずかしい」という表情に変化していきます。「上に立つ人であり、教育者でもある自分ができていないのは恥ずかしい」と思わせるという意味で、同年代や同階層で集まる合宿には、重大な価値があると考えています。

また、ハッとさせる意味で、リーダーとネクストリーダー（リーダー候補）を集めた合宿を開催することもあります。そうすると、リーダーは「まずい、私たちが教わっていることを一つ下の代も教わってしまったから、すぐに追い越されるかもしれない」というよい焦りが生まれますし、ネクストリーダーは「上の人たちと同じことを教えてもらえて、成長できる」とうれしくなり、いっそう仕事に身が入るでしょう。合宿にはこのような役割もあるのです。

乗り越えて成功させるか、ギブアップして失敗にするか

——事業を進めていると、色々な障壁や外部環境の問題にぶつかります。これはどの事業でも起こりうることだと思います。順風満帆に進んでいる会社は見たことがありません。乗り越えて成功させるか、ギブアップして失敗にするか、の2択です。「刀折れ、矢尽きた」となるまでは、情熱を持って前進します！（2024年3月22日の投稿）

「刀折れ、矢尽きた」とは、朝礼の場で繰り返し読んでいる稲盛和夫さんの『心を高める、経営を伸ばす』にある言葉です。

これは、大手製薬会社の商品の健康被害のニュースを見ていて感じたことを素直に書いた

投稿です。うまくいっているように見える会社でも、順風満帆ということはあり得ない。レントラックスも同じで、法改正や国のルールが変わったことで、昨日までうまくいっていたはずの事業があっという間に傾くことだってあり得ます。

でもそこでギブアップして「駄目だった」「もう終わりだ」とあきらめてしまうか、それとも志を高く持ち、目標に向かってあらゆる壁を乗り越えようと努力しながら先に進むか。その二択の中でどちらを選ぶかによって、結果は大きく変わってくるでしょう。

変化の激しい時代ですから、外部環境はどんどん変わっていきます。自分の力ではコントロールできない要素も数えきれないほど出てくるでしょう。それでも、**結果は「乗り越えて成功させるか」「ギブアップして失敗にするか」というシンプルな2択によって決まるのです。**

常識を疑う重要性

——常識を疑う重要性、大人になると過去の経験から余計な先入観が出てきます。ＡＳＰの案件も一緒で、うちでは過去に件数伸びないかもしれないという先入観から手をつけず、競合他社が獲得している姿も目の当たりにしてきました。日々常識を疑いチャレンジをして行きます。（２０２４年３月23日の投稿）

新卒が入社する少し前の投稿です。

新卒は経験が浅いですから、先輩たちがあえてアプローチしないような大企業にも臆せず連絡し、思いがけず大型案件を獲得することがあります。凝り固まった知識やビジネス経験に邪魔をされて「どうせ無理だろう」という先入観でチャンスを逃すのはやめよう。そうメンバーたちに伝えたくて、この投稿をしました。

レントラックスのアプローチリストに長年入っていた企業の案件を競合他社の営業担当者が受注したことを知り、「誰かアプローチしておけばよかったのに、なぜか敬遠してしまっていたよね」……ということもしばしばあります。どうせダメだろうという先入観や、過去の余計な経験などが邪魔してしまうのだと思います。

ですから、見込みが薄い分野でも、定期的にちょっとだけ触ってみよう。10秒だけ検索してみたら、新たな発見があり、アプローチや受注につながるかもしれない。メンバーたちにはそう伝えています。

過去の経験が味方してくれることもあれば、逆に邪魔されてしまうこともあるでしょう。まっさらな気持ちで業務にあたろうと、メンバーには逐一伝えるようにしています。

視野は広く持つ、1点に集中させない

――社内社外でも視野を広く持ち一点に集中させない。これがなかなか難しく修行中で

す。特にWEBの業界は流れが早いので昨日の情報が古くなる時があります。（2024年3月25日の投稿）

何かを発見したり、よいやり方を見つけたりしたときは、「これだ！」と決めつけて、メンバーに対して拙速に「右に行くぞ」と指示してしまうことがあります。ですが、Web業界は変化のスピードが速く、今日の正解が明日の不正解になることも決して珍しくありません。右に進んでいれば安泰だったはずが、明日になったら左に全速力で走らなければならない可能性もあります。

そうした特性を踏まえると、すべてを一点集中させるのは危険です。「右に行くぞ」と全員に指示してしまい、全員が右に進んでいると、いざ「左」に戻そうとするときに膨大な時間がかかります。**ですから、常に「左」の可能性を踏まえながら、「右」を攻めなければなりません。**でもこれは非常に難しいので「修行中です」と書きました。

右だと決めたら右に向かうべきですが、もしかしたら、明日になると左や真ん中が正解かもしれないし、「そのまま待機」がベストの可能性もある。あらゆる可能性に目を向けながら、前後左右をよく確認しながら、右に進んでいく。そのような姿勢を身につけるべく、修行しています。

レントラックスでは、組織の変更も頻繁に行います。右へ動いていた矢先に潮目が変わって、左に向かうことだってあります。ですからメンバーには、「常に組織変更や方針変更がありうるので、凝り固まらないようにして欲しい」というメッセージを送っています。

たとえば、大手企業の案件を新規で獲得したら、予算が大きいからと安心してはなりません。上層部の方針転換により、Web広告の予算を削ってテレビに寄せるなどといった経営判断がいつ下されるかわからないからです。その期の数字は安泰だと思っていたら、営業成績は落ちていくことでしょう。

こうした場合、多くの人は他責で考えてしまいがちなのですが、ここは自責でとらえて「こうなることを予測して予防線を張っておけば、こうはならなかった。次回から注意しよう」と考えることができれば、成長できます。

大手だからよいとは一概にはいえない。明日何が起こるかは誰にもわからない――。「視野を広く持つこと」の重要性が問われます。

おわりに

最後までお読みいただき、ありがとうございます。

本書を通して、事業承継は早期からの準備が不可欠であるということや、後継者選びに際しては「能力」よりも「イズムへの共感度合いと社内外に対する発揮度合い」、そして「経営に対する情熱」を重視すべきだというメッセージが伝わっていましたら幸いです。どんな人に次世代の経営を任せればいいか、また後継者としてどのような資質が求められるか、本書を片手にぜひイメージを描いてみてください。

新たに後継者として指名されたばかり、もしくは代表に就任したばかりの方は、今まさに大変な時期でしょう。

そんな人にまず伝えたいのは、次の二つのメッセージです。

まずは、**目標数値は高く設定し、上を目指して走りだそう**ということ。この姿勢があるかどうかで、あなたの会社の命運は左右されるでしょう。

次に、**社内のイズムや社風、教育方針を明確にし、先代のときよりもさらに伸ばす姿勢が大切であるということ**。スキル教育ももちろん重要ですが、それ以上に、イズムを継承してさらに育てていくことに挑戦してみましょう。

といっても、イズムが既に明確に言語化されている会社は決して多くないはずです。それならばぜひ、あなたの代でイズムの言語化と浸透にチャレンジしていただきたいと思います。時代や市場が変わってもあなたの会社に長く受け継がれ、新人からベテランまで誰もが共感し、協力したいと思えるようなイズムができあがるよう、心から応援しております。

今後、テクノロジーが進化するスピードは加速し、ＡＩもさらに発展していきます。ただ、**どんなによいサービスやシステムも、それらを創造して動かすのは、他ならぬ人間です。**

ＡＩに会社経営を任せたらどうなるでしょう？

きっと高速で合理的な意思決定をし、業績を上げ続けると思いますが、人間らしい笑顔やあたたかさのまったくない無機質な経営になるのではないでしょうか。

それでよいと考える方もいるかもしれませんが、私は少し違う考えです。

私たちが会社を経営する真の目的は何でしょうか。

きっと、感謝される喜び、仲間とともに大きな目標を達成した後に一緒に涙を流すときの胸の高鳴り、世の中に必要とされるサービスや商品ができたときの興奮……このような人間らしい瞬間を経験したり目の当たりにしたりすることなのだと思います。

私は、お金を稼ぐことだけではなく、シンプルに「仕事をする楽しさ」を味わうことこそが、ベンチャー企業経営における本当の楽しみなのではないかと考えています。このような楽しさは、ＡＩによる経営では味わえないのではないでしょうか。

人間が経営する会社には、人間と同じように、その会社だけが備えている性格ともいうべきものがあります。それがイズムです。

当社のイズムには、小学校の道徳の授業で習ったり、親や先生をはじめとする年長者から散々指摘されたりしてきたようなことが詰まっています。本書を通読してくださった方の中には「そんなこと、今さらいわれなくてもわかっているよ」と思った方もいらっしゃるかもしれません。

ところが、子どもの頃から繰り返し指摘されてきたことでも、いざ社会に出ると、誰も指摘してくれません。結果として、「人間として当たり前のこと」を疎かにしてしまい、仕事も人間関係もうまくいかない——このような人を、これまで多く見てきました。

いうまでもなく、**「人間として当たり前のこと」は、普段の生活はもちろん、ビジネスの世界でも非常に重要です。**偉人といわれているような人たちや、大きな成功を成し遂げた人、常に人に囲まれているような人は、必ずといっていいほど、「人間として当たり前のこと」を当たり前に実践しています。

「人間として当たり前のこと」を当たり前に実践することで、世の中に貢献したい。

「人間として当たり前のこと」を当たり前に実践しようという気概のある人たちがたくさ

ん集まる会社にしたい。

――それがレントラックス代表の私の想いです。

当社では、採用から教育まで一貫して、経営理念から、五ヶ条、十五則を含め、「人間として当たり前のこと」を「レントラックスイズム」として大切にして育ててきました。

２０２５年に入ると創業20年を経過する私たちですが、代替わりしても、50年、１００年経っても、変わらずレントラックスイズムをみんなで守っていきます。このイズムがあれば、どんな不況がやってきても、どんな荒波に飲み込まれそうになっても、きっと答えが見つかり、厳しい状況を乗り越えることができると信じています。

代表である私としては、社員一丸となってレントラックスイズムを継承し伸ばしつつ、売上１０００億円という目標を達成すること、そして私よりもレントラックスイズムに強く深く共感し、大切に育てていける後継者を見つけることを誓います。

そして日本だけではなく、東南アジアへ、そして世界へと、レントラックスイズムを広げていくことで、**当社の事業を発展させるだけではなく、世の中の人々を幸せにする。**これが同社の目指す未来です。

最後になりましたが、私のわがままなスケジュールに合わせて柔軟にご対応いただきました、ダイヤモンド社編集長の前田早章さん、多大なるお手伝いとリードをしていただきました佐藤早菜さんと庄子錬さんにこの場をお借りして心より御礼申し上げます。

読者の皆様におきましても、本書を通じてこれからの経営に少しでもプラスになれましたら、こんなにうれしいことはありません。最後までお読みいただきありがとうございました。これから明るい未来が訪れ、イズムを通じて皆様の人生が豊かになることを願っております。

2024年12月

株式会社レントラックス代表取締役社長　山﨑大輔

著者略歴

山﨑大輔（やまざき・だいすけ）

1981年、東京都に生まれる。駒澤大学卒業後、ガリバーインターナショナル（現・IDOM）入社。その後、スカウトを受けてカービュー（現・LINEヤフー）に入社し、国内、海外、SNSの各事業の営業責任者を経験。2012年、レントラックスに入社し、東証マザーズ上場に大きく貢献。メディア事業部営業グループリーダー、副社長執行役員を歴任し、代表取締役社長に就任。

イズム経営
社員からも顧客からも愛される企業文化のつくり方

2025年1月14日　第1刷発行

著　者――――――山﨑大輔
発行所――――――ダイヤモンド社
〒150-8409　東京都渋谷区神宮前6-12-17
https://www.diamond.co.jp/
電話／03･5778･7235（編集）　03･5778･7240（販売）
編集協力――――――ブランクエスト
カバーデザイン・本文デザイン――前田友紀（mashroom design）
製作進行――――――ダイヤモンド・グラフィック社
DTP――――――マーリンクレイン
印刷――――――三松堂
製本――――――ブックアート
編集担当――――――前田早章

ISBN 978-4-478-12046-0